U0928459

汉译世界学术名著丛书

新左派政治经济学

——一个局外人的看法

〔瑞典〕阿萨·林德贝克 著

张自庄 赵人伟 译

2017年·北京

Assar Lindbeck

THE POLITICAL ECONOMY

OF THE NEW LEFT

An Outsider's View

Second Edition

Happer & Row Publishers

New York London 1977

根据哈珀-罗出版公司 1977 年版译出

汉译世界学术名著丛书
（120年纪念版·珍藏本）
出 版 说 明

2017年2月11日，商务印书馆迎来120岁的生日。120年前，商务印书馆前贤怀揣文化救国的理想，抱持“昌明教育，开启民智”的使命，立足本土，放眼寰宇，以出版为津梁，沟通中西，为中国、为世界提供最富智慧的思想文化成果。无论世事白云苍狗，潮流左右激荡，甚至战火硝烟弥漫，始终践行学术报国之志，无改初心。

迻译世界各国学术名著，即其一端。早在20世纪初年便出版《原富》《天演论》等影响至今的代表性著作，1950年代后更致力于外国哲学和社会科学经典的译介，及至1980年代，辑为“汉译世界学术名著丛书”，汇涓为流，蔚为大观。丛书自1981年开始出版，历时三十余年，迄今已推出七百种，是我国现代出版史上规模最大、最为重要的学术翻译工程。

丛书所选之书，立场观点不囿于一派，学科领域不限于一门，皆为文明开启以来，各时代、各国家、各民族的思想与文化精粹，代表着人类已经到达过的精神境界。丛书系统译介世界学术经典，引领时代思想，为本土原创学术的发展提供丰富的文化滋养，为推动中国现代学术和现代化进程做出了突出的贡献。

为纪念商务印书馆成立120周年，我们整体推出“汉译世界学术名著丛书”120年纪念版的珍藏本，寄望既利于文化积累，又便于研读查考，同时向长期支持丛书出版的译者、编者和读者致以敬意。

两甲子后的今天，商务印书馆又站在了一个新的历史时间节点上。我们不仅要铭记先辈的身影和足迹，更须让我们的步伐充满新的时代精神。这是商务人代代相传的事业，更是与国家和民族的命运始终紧密相连的事业。我们责无旁贷，必须做好我们这代人的传承与创造，让我们的努力和成果不仅凝聚成民族文化的记忆，还能成为后来人可以接续的事业。唯此，才能不负前贤，无愧来者。

商务印书馆编辑部

2017年10月

译者前言

本书作者阿萨·林德贝克是瑞典后起的有影响的经济学家。年轻时就担任斯德哥尔摩大学国际经济学讲座；他是瑞典著名经济学家格·卡塞尔、克·威克塞尔的晚辈，直接受到他的老师甘·缪尔达尔、伯·奥林、本·汉森、埃·林达尔等人的影响。林德贝克曾是瑞典首相奥洛夫·帕姆的亲密朋友，又是诺贝尔奖经济委员会的成员、瑞典银行顾问，并曾任美国《比较经济学杂志》编委。他的主要著作有《瑞典经济政策》、《实行国际共管的世界经济中的民族国家》、《竞争和计划的效率》等。

本书是作者于1968—1969年任美国哥伦比亚大学的访问教授时，以当时美国一些大学进行的政治辩论和流传的政治文献为背景写成的，集中讨论了新左派的经济学问题。可是新左派并没有一个明确的经济纲领，为了使读者理解新左派为什么对传统经济学和当代资本主义经济制度提出各种批评，以及对新左派的思想体系有一个概念，有必要在这里简单地介绍一下新左派的历史起源、策略和学术背景。

新左派运动是20世纪60年代后期主要在美国形成的一种抗议运动。它是在"二战"后资本主义经济危机频繁出现，凯恩斯主义遇到重重困难的情况下产生的。当时有一部分青年人，尤其是大学中的学生、研究生和助教，对现实社会产生了强烈的不满，并企图寻求改变现状的道路。在1965年前，新左派只是新激进主义运动中一些根据需要随时集合、随时解散、没有严密组织的集团。当时在美国有代表性的团体是学生争取社会民主组织（SDS）和学生全国统一行动委员会（SNCC）。1965年后，新左派才作为一种运动在欧美各国出现。新左派运动的派别大体上可概括为无政府主义、和平主义和社会主义等几种，包含范围广泛的形形色色的战术上和理论上的各种意见。新左派运动是左派——自由主义者、社会民主主义者、马克思主义者、激进分子和不主张使用暴力的无政府主义者的混合体。这种组织没有一个领导核心，领导者与成员之间也没有上下级和等级关系。运动的组织者带着争取和平、公民权、学生权利、黑人权利、妇女权利，一直到采取社会行动的使命，通过旅行的方式，在所到之处不断开辟新的活动场地。

新左派中的青年，大多数是在比较富裕的和平环境中长大的。最初，他们把现实社会中的不公平现象，以及被压迫被剥削者的贫困处境，仅仅看成是资本主义制度的某些不完善之处，试图采用情理、技术知识、钻法律的空子和改革选举法等手段予以改善。但是，当他们直接了解到贫苦人民的生活，亲眼看到各种残暴和折磨行为、暗杀、流放、种族主义、军事设施等社会现象之后，他们开始对资本主义制度产生了怀疑，要求尽快地彻底改革现有的社会结构。在这一点上，部分新左派与老左派是共同的。老左派从根本上否定资本主义制度，对于为改良这种制度而作的种种尝试不感兴趣。他们中有些人参与左派运动已有三十多年的历史，早在新左派出现前就有了明确的政治身份，他们的政治目的和为达到这种目的而采取的手段，都与新左派不同。在社会经济制度方面，他们主张集中，反对分散，而新左派一开始就非难高度集中的社会制度和由领袖人物控制的社会组织，主张分散化，幻想建立一种集体所有制的非市场制度。在这种制度中，通过民主制定决议，提倡个人人格至上、直接行动、互助和不同的生活方式。其实，新左派的中心论题是寻求非异化[①]的工作，分散化的社会经济制度。

新左派在批判当代资产阶级庸俗经济学、揭露当代资本主义社会的弊病、揭露帝国主义对不发达国家的经济剥削、声援第三世界国家争取政治经济的独立和发展等问题方面，有一定的积极意义。近年来，马克思主义对新左派的影响虽有所加强，但是新左派对马克思主义的一些基本观点的理解是肤浅的，有的甚至断章取义地加以曲解，利用马克思的异化概念，把马克思主义理解为超阶级的“人道主义”。新左派中仍有一些人鼓吹社会改良主义，主张通过议会选举取得政权，然后实施社会纲领来实现社会主义。

林德贝克并没有对新左派的整个思想体系进行评论，特别是对其中的种族歧视、妇女性别歧视、社会的全面异化、帝国主义等问题，不是避而不谈，就是只作一些表面性的阐述。贯穿于全书的中心思想，就是从各个角度来强调市场、竞争和物质刺激的作用，并由此展开对新左派经济思想的评论。他认为，市场、竞争和物质刺激不仅有助于调动人们的工作积极性和首创精神，提高社会的经济效率，有助于实现资源和收入的合理分配，而且通过与分散化

① 新左派所谓的异化（Alienation），系指人们由于不能控制社会势力，反而为社会势力所控制，对工作感到无意义、无目标，在精神上感到空虚、无聊、冷淡、悲观失望。

相联系的市场，还可以协调社会中成千上万个家庭的消费偏好，以及各个公司作出的关于生产、投资、价格的决定，使整个社会经济活动得以正常运行。他还认为，以生产资料公有制为基础的社会，由于社会权力高度集中所产生的官僚主义，也只有依靠市场才能避免，等等。林德贝克在作这些论述时，虽然是站在维护资产阶级经济学和资本主义经济制度的立场上，从社会民主党的福利国家和混合经济的角度出发，企图通过改革来协调个人、各个集团、各个阶级之间的利益，但是，就技术性的微观经济理论来说，他的论述对于我们如何运用价值规律和市场机制来实现国家经济计划规定的目标，如何进行经济管理体制的改革，有一定的参考价值。

1971 年本书的英文版出版后，西方经济学界对它十分重视，曾为此举行专题讨论会。1977 年再版时，作者选辑了六篇评论文章，连同他本人对其中两篇评论所作的《答辩》和他在苏黎世大学的演讲稿，共计八篇论文[①]加到本书的第二版中，作为其第四部分的内容。为了使读者集中了解林德贝克的经济思想，我们把他在新版中增添的两篇文章(《答辩》和《经济制度与新左派经济学》)全文译出，作为本书的附录。

在这些评论文章中，经济学家们对林德贝克的评价有褒有贬，分歧较大。一些经济学家认为，作者对经济学文献和老左派的经济文献进行过详细的研究，本书写得精练简洁，对新左派的反驳尖

---

① 这八篇论文是：巴赫(斯坦福大学)：《评论》；海梅尔、罗斯福(社会研究新院)合著：《评论》；斯威齐(《每月评论》编辑部)：《评论》；海尔布伦纳(社会研究新院)：《激进经济学：评论》；麦克法兰(国立澳大利亚大学)：《新左派政治经济学》；托宾(耶鲁大学)：《评论》；林德贝克(斯德哥尔摩大学)：《答辩》；《经济制度与新左派经济学》。

锐有力。它有助于读者对政治经济学的基本概念条理化,可作为经济学基本课程的补充读物。传统经济学家可由此看到应如何扩充他们的理论和研究范围;新左派经济学家也由此可以看出,应该怎样使他们的学术思想系统化。在促进传统经济学家与激进经济学家、老师与学生之间的交流方面,林德贝克是一个适当的人物,但并非如他自己所说的是一个局外人,而是带有社会民主党人的偏见的。

另一些经济学家则认为作者的多数批判,未能把握新左派思想的要点;激进经济学家认为,作者对历史和现实的看法都是改良主义的,他对马克思主义的理解非常肤浅,甚至加以歪曲,因此,他不具备讨论激进派思想的条件和感情。在微观经济理论方面,他可以说是传统经济学的代表人物。

由于我们对新左派和林德贝克的经济思想缺乏系统的研究,译文错误之处在所难免,请读者批评指正。

目　　录

序　　言

我所著的《新左派政治经济学》这一小册子的新版本，除原文和保罗・萨缪尔森写的前言外，还收进了若干由于本书而引起的辩论文章。因此，新左派经济学家最近讨论的一个简短的选集实际上已收进本书作为本书的第四部分。这些文稿包括以下作者写的辩论文章：乔治・L. 巴赫（斯坦福大学）、罗伯特・L. 海尔布伦纳（社会研究新院）、布鲁斯・麦克法兰（国立澳大利亚大学）、弗兰克・罗斯福及已故的斯蒂芬・海梅尔（社会研究新院）、保罗・斯威齐（《每月评论》杂志撰稿人）、詹姆斯・托宾（耶鲁大学）。我在书中还附载一篇答辩，提出我对某些批评的看法。此外，还附有一篇论文，试图从经济制度分析的角度来理解新左派经济学。

阿萨・林德贝克

第一版序言

我这本小册子的目的是试图阐明、领会并仔细研究新左派的经济思想，特别是，我想依次讨论新左派运动所提出的一些较为重要的政治经济学问题，尤其是使新左派与学院经济学家们便于进行对话。我将着重论述新左派提出的一些主要的社会问题和经济问题，而不详细叙述“谁说了些什么”。事实上，这意味着本书试图对“比较经济制度”这个领域做出一些贡献。同时，必须着重说明的是，“制度的”区别和分类是我自己的，而不是新左派文献中的区别和分类。

本书是根据我对 1968—1969 年间在美国一些大学中进行的政治辩论和流传的政治文献的体验而写成的。书中的阐述则根据 1969 年春、夏我在麻省理工学院（马萨诸塞州坎布里奇）、哥伦比亚大学（纽约）和加利福尼亚大学（伯克利）对经济系研究生协会所作的演讲。本书的瑞典文和丹麦文简易本已于 1970 年出版。

威廉·鲍莫尔、彼得·博姆、阿尔夫·卡林、弗雷德里克·克莱尔蒙蒂和斯蒂芬·维尔德曾对本书一个较早的版本发表过评论，特此表示谢意。

阿萨·林德贝克

1971 年 4 月于斯德哥尔摩大学国际经济研究所

前　言

新左派是思想史中的一个重要的运动：它是人们为意愿而进行的政治斗争中的一种重要的思想体系；它是经济学及有关的社会科学发展中的一个重要流派的延续，同时也体现了大学生对他们在大学所受的教育日益不满的情绪。

然而，一个谦虚的读者能到何处去寻找关于新左派基本原则的详细讨论与评价呢？当然，激进的社会秩序评论家们所写的小册子和论文并不少见。但是，如果你要找的是对任何比赫伯特·斯潘塞或弗里德里克·哈耶克的思想更新的思想所进行的谩骂或谴责，那么，存在着大量的颂扬自由企业和谴责无神论共产主义的书籍和扶轮社演说。但在林德贝克教授以前，没有一个人有耐心去收集新左派的各种不同概念，加以选择和分析，最后对它们的正确性和局限性给予毫不留情的、既有批评又有认可之处的评价。

局外人当审判员和陪审员

三十年前，当卡内基基金会想委托人对美国的种族问题进行一次客观的研究时，它求助于一位瑞典经济学家甘纳尔·缪尔达尔。正因为缪尔达尔来自一个没有我们这种种族差异观念的社会，所以人们希望他能得出一个比较接近客观真理的结论。结果也确实如此：缪尔达尔所著的《美国的困境》一书，不仅是社会科学中有数的经典著作之一，而且还提醒我们和全世界人们，我们是一个极其分裂的家庭，仅仅在表面上处于一种均衡状态。最高法院的基本判决、民权运动，以及为取消种族隔离而进行的斗争——所有这些今天已为人们习以为常，而在缪尔达尔的研究中却早已预见到了。

以前美国曾经一度从一位局外人的笔下了解了它自己。托克维尔*是一位法国人，他对旧政权的许多已随着法国革命一起烟消云散的事物相当同情，而对美国个人主义的一些新生概念却相当反感，正因为如此，所以他能鉴别和推断一个新社会的显著特征。如果我希望自己的面貌画得和本来的一样，那就一定不能找我的情人或我的敌人来画。任何事物只有在人们第一次看见时，才能看出它的独特之处。

但是，并不是任何一个局外人都能刻画出一个革命运动的形象。就政治经济学来说，值得庆幸的是，林德贝克恰巧在 1968—1969 年这一学年，在哥伦比亚大学任访问教授。这真是适当的人选在适当时刻来到了适当的地方。对经济学家来说，林德贝克教授是不需要加以介绍的。他在比较年轻时就在斯德哥尔摩大学担任了颇负盛誉的国际经济学讲座，并且是年轻一代的瑞典经济学家之一。他的祖先——可以这么说——都是第一次世界大战期间

* 法国政治家和作家（1805—1859），以著作《美国民主政治》一书而闻名于世。——译者

伟大的瑞典经济学家，如古斯塔夫·卡塞尔，尤其是无与伦比的克·威克塞尔（威克塞尔在监狱中写了一部著作，对于一些事物，都能毫不犹豫地侃侃说出自己的见解，不管如何不得人心。他对婚姻、对君主政体、对宗教，以及对在邻近苏联的边境驻扎一支瑞典常备军的看法，使他在将近五十岁以前一直不能在大学中担任职务。他认为工人可以从福利国家的一个非马克思主义的演变中获得更多的实际工资，这种看法使他在其他社会阶层中丧失人心，但是这一事实不能阻碍他说出全部心里话）。林德贝克的直接老师是老一辈享有盛誉的瑞典经济学家：缪尔达尔、伯蒂尔·奥林、本特·汉森、埃里克·林达尔、埃里克·伦德伯格、英格瓦·斯文尼尔森——但实际上，名单太长，不能一一列举。

然而，林德贝克却有其本色；当他还是一个小学生时，就曾亲眼目睹有人与希特勒的优越种族主义调情，而在“闪电战”胜利的日子里，某些瑞典人就是彻底倒向这种主义的。任何古老的瑞典中立主义原则都不能制止这位人道主义战士严厉地指责美国在越南的政策。正如在美国，大多数经济学家都参与批评统治集团，也就是企业集团——支持“新政”、“公平施政”、“新边疆政策”、“伟大的社会”等民主党纲领，而不支持赫伯特·胡佛或巴里·戈德华特的极端个人主义，或艾森豪威尔和尼克松的比较温和的个人主义——我在访问瑞典时，始终获得这样的印象：瑞典的大多数经济学家对他们自己的工党政府也有相当的非议。从表面上看，经济学家往往是反常的！然而，林德贝克是维护社会民主党总政策的经济学家之一，尽管就它的许多细节来说，他却是一个“友好的（同情的）批评者”。我提出这一点是适当的，因为如果你对一种社会运动过分疏远,你就不会有兴趣或有能力去评价它。一个社会民主党人在他一生中的每一天,都在思想上为平等主义和效率等重大问题而战斗。目前新左派也参与了这些重大问题的论战。因此,当林德贝克教授访问坎布里奇、纽约和伯克利时,他注意倾听人们的议论,坦率地评论他所听到的意见,也就不足为奇了。而且,感谢上帝,人们可以指望一个受过欧洲传统教育的学者充分了解傅立叶和欧文、蒲鲁东和克鲁泡特金、马克思和恩格斯、卢森堡和列宁、索雷尔和格拉姆斯西的著作,以及巴兰、斯威齐、曼德尔、米尔斯、科恩——本迪特与加尔布雷思等更晚近的著作。在你的寝室里挂上一张切*的照相,仅仅是在理解资本主义发展的运动规律的征途上迈开了第一步。

我们面临的课题

林德贝克教授在旅居美国期间,能在坎布里奇、纽约和伯克利的听众面前,检验他的这部著作的初稿。在林德贝克来麻省理工学院讲学以前,我们许多研究生就认为,新左派与政治而不是与地道的经济学有联系,这多少表明了美国经济学界的自满情绪。

本书的瑞典文版是以《新左派政治经济学》为题的纸面本。由于它获得了极其良好的反应,不久就被译成丹麦文;芬兰文译本现在正在排印中。目前这个内容已经扩充的美国版本,并非译自瑞典文版,而是林德贝克教授撰写的英文版。

---

* 指切·格瓦拉。——译者

谁应该阅读这本书呢？我担心，那些最需要阅读这本书的人，可能最不愿意浏览一下它的内容。有些人认为，米尔顿·弗里德曼对亚当·斯密的学说所作的现代注释，就是人们对于经济政策所能了解或需要了解的全部情况，这样的人是不会有兴趣消磨一个下午来研究林德贝克对受控制的消费者偏好，或分散化计划等概念所作的评价的；另一方面，我希望新左派中的某些人士，不会由于林德贝克偶尔尖刻的批评而踌躇不前。托克维尔对美国的谴责，特别是它击中要害之处，最初也引起人们的反感，但是，最后，我们从他的著作中获得了更多的教益。

林德贝克指出，新左派往往设法既批评市场又批评官僚主义，而这种认为能同时批评二者的想法恰恰表明他们的不成熟和感情用事，因此他就不大可能受到他所批评的集团的欢迎。正如玛格丽特·米德*如果要求新几内亚的公民们注意他们的怪癖——即拒绝同他们的表亲的表亲一起睡觉，或者坚持非这样做不可——也会同样不受欢迎。

因此，新左派的一个积极分子阅读本书时，并不指望它能使他信服他的方向是错误的。他阅读的目的在于使自己的看法能得到严格的检验，这种检验，正如约翰·斯图亚特·穆勒在论述言论自由的必要性时提醒我们的那样，是树立信念的一个必要条件。

但最重要的是，人们希望本书的读者能和作者一样，对这些重大的问题采取一种坦率的态度。你不必一定是一个经济计量学家才能参与这种讨论，甚至你不必一定是一个研究经济学的人，因为

* 玛格丽特·米德(1901—)，美国人类学家。——译者

没有任何图解或方程式会打断这种说理的交谈。诚然,一位非经济学家不能像他阅读《爱情故事》①时那么迅速地将本书读完。但我确信,他从这一百页左右的书中所学到的东西,和引起他深思的问题,却比他消磨一个周末费力地阅读查尔斯·赖克所著的《美国的新生》一书中冗长的说教所得的收获要多。

对于新左派来说,目前流行的大多数经济学课本看来都是非常类似的。任何一本,如果被指定与本书一起阅读,将收到很大的效果。《傲慢与偏见》在学校被指定为必读的书,却没有因而使简·奥斯汀成为一个枯燥乏味的作家;在必读的书目中出现了一个平装本,也不会使它的主题令人感到厌烦或不贴切。我不妨再说一句,有些自诩为激进的经济学家所著的非传统的经济学课本即将问世了。如果林德贝克的这部著作被规定为这些新课本的附属读物,它仍然是有用的。

新的意识

美酒不需要热烈的推荐。但是,我认为,这里应该指出,林德贝克的讨论所涉及的问题远远超过新左派本身。他所研究的思想不是美国学生争取民主社会组织或乡村颓废派的小宗派的秘传的见解。那些热衷于彻底改革当代社会的革命家们竭力主张的每一种概念,是我们所有三十岁以下的人的头脑中所特有的。

尽管新左派经常提到约翰·肯尼思·加尔布雷思,但是若把

① 〔美〕埃里奇·西格尔著,该书 1970 年于纽约出版后,曾风行一时。

他看作一位革命家，那是可笑的；左派认为他是索尔斯坦·凡勃伦的应声虫，而且是他笔下所描绘的工业国家的维护者，因此，左派对他的批评是不少的。然而，加尔布雷思的思想今天所具有的重要性仍然超过凡勃伦生前和身后的任何影响。为了进行更深入的对比，你必须注意拉·哈·托尼在改变有教养的英国人的思想方面所起的作用，他使他们在思想上摆脱了保守党与自由党之间的分歧，并转而根本否定这个攫取财富的社会。机警的美国人，在进大学当一年级学生以前，已阅读了《丰裕社会》，并初次体验了《新工业国家》。这有助于说明为什么拉尔夫·纳德是现在美国最重要的人物之一。这一具体事实反映出对商业实力集团的极端不信任，而且对政府本身也有类似的怀疑。这不是一种转瞬即逝的情绪，它不会因为肯特州立大学学生惨遭杀害事件被人忘却，或因为阿格纽副总统不再信口开河而消失。

这些年来，学校确实比以往的年代变得安静一些；越南战争的结束也确实消除了年轻一代的某些较深的愤慨情绪。但是，如果认为舆论现在已回复到约翰·弗·肯尼迪的那个充满希望的时代，那么，这种想法和人们在三十年代后期惯常的想法一样天真，那时候，人们认为，经济在恶性萧条后一旦获得复苏，美国人的思想就会恢复到卡尔文·柯立芝和阿尔弗雷德·斯龙时代那种求实的精神。

请看一下林德贝克这本书的目录，并清除你思想上对新左派本身的任何兴趣。关心生活的质量并不是由少数偏激分子独揽的事情。或者考虑一下这种倾向，即拒绝把官僚主义和市场看作是资源分配的协调者。但是，不论其一致性如何，这种倾向在各种不同政治见解的人中间引起了一致的反响。当林德贝克教授指出，依靠最基本的供求工具，就能确切地预示城市的地租控制将会产生的不公平和效率差等情况，他就会激怒国内的每个大学生——这就更足以说明为什么必须阅读他的这部著作。林德贝克指出，加尔布雷思的那个半专制公司大王模式（这些大王指示我们应当需要什么和购买什么），缺乏一种决定性的理论来说明这个由二百名巨头组成的特殊集团怎么恰好在他们所居住的地区立出界标要求其所有权，因此，正统的一般均衡论者应该羞愧得低下头来，因为他们没有十分认真地重视加尔布雷思体制，以致没有注意到体制中的这一空白。当然，一个马克思主义方法论者不会被这样的模式搪塞过去，因为在这个模式中只有某个集团或某些人有能力获得他们愿意获得的东西。

我还能够继续指出林德贝克所提出的一些新见解。既然人们不能期望任何两个人在一些引起争论而又难以捉摸的范畴内提出同样的重点，也许我能够对作者的某些论断采取不同的看法——我认为对批评者的指责过分激烈，而对于他们的论证所作的让步，在我看来，却又没有什么理由。这样的工作可留到将来，留给从右的和左的方面出现的辩论家，他们会出来指责作者的研究结果。

让我在结论中仅仅要求人们注意林德贝克的重要发现，即新左派最值得注意的一个新特点，就是它已被所谓大学生的心理状态所支配——也就是说，它已被青年们所控制。但是，在这样做以前，我认为有一点应该放弃。林德贝克教授所讨论的是新左派以及我所说的“现代的思想意识”，他根本无意讨论那个范围较窄的运动，即所谓激进经济学。在今天的美国大学里，激进的经济学家乃是一个重要的流派。在哈佛大学,塞缪尔·鲍尔斯、阿瑟·麦克尤恩、赫伯特·金蒂斯、托马斯·韦斯科夫和斯蒂芬·马格林这些名字代表着世界上某种新事物。在其他地方,如社会研究新院、美利坚大学、斯托尼·布鲁克的纽约大学、康奈尔大学、斯坦福大学以及加利福尼亚的各公立大学内,迈克尔·赫德森、斯蒂芬·海梅尔、爱德华·内尔、托马斯·维托里斯、詹姆斯·韦弗、迈克尔·兹韦格、道格拉斯·多德、约翰·格利、詹姆斯·奥康纳、罗伯特·菲奇和玛利·奥本海默等名字,对于一个熟悉学术界内部情况的人来说,代表着一种认真的研究活动,将来,我们会听到它的许多情况。其他一些著名的大学,在它们拥有的最著名的经济学家中虽然没有“激进政治经济学协会”的会员,但这并不意味着在这些大学的学生(不论是研究生或一般大学生)中间,不存在对于代替标准教科书中的经济学的另一种经济学的日益增长的兴趣。自从林德贝克教授作为一位访问教授到美国以来,这个运动无论从它的人数或重要性来说,都有所增长。然而,林德贝克教授对于一个仅仅处于开始阶段的研究工作不作评价,这是很恰当的;日后,当这些研究的成果开始积累时,如果美国经济学界不对这些成果的质量和认真的程度,给予应有的注意、赞扬和批评,那是不能宽恕的。

来自低年级学生俱乐部

谁应该领导革命?这个问题已有了许多答案,即被压制的工人本身。但也不一定由他本身:要有资产阶级知识分子的援助。或者,按照列宁重新制定的公式,必须依靠职业鼓动家和革命家来形成被压迫的无产阶级自发的觉悟，防止他们受到修正主义改革的诱惑，并且平息他们过早爆发的灾难性乌托邦主义的热忱。

于是，像马库塞、古德曼和赖克这样的人便出来对大学青年们说：谁应该领导？正是你们应该来领导。通过思考，这个信息在听众的耳朵里觉得是有道理的。真的，哪些人是现代社会中最受压制的？哪些人最有学问而又最少沾染老一辈的腐败习气？这些问题本身已作了回答。

我言过其实，但并不是开玩笑。马克思主义试图从生产的物质条件和社会的阶级结构来理解意识形态和历史的发展，这种策略在这个领域内导致了富有成果的假设。按照传统的马克思主义的意义来说，青年——大学里的青年，并不形成一个阶级，但是他们确实生活在他们自己特有的条件下，并具有特殊的经济基础。撇开一切先验的理论不谈，人们必须接受经验证明了的事实：成为南部各州争取民权运动的先锋的是青年们。当白人自由主义者在南部各州不再受欢迎时，这种行动又转向消极或积极地反对越南战争。学校本身这个堡垒在"分享的民主制"的名义下，受到了围攻。把约翰逊总统搞下台，就是青年们在尤金·麦卡锡的新罕布什尔竞选运动中所作出的工作成绩。

上述情况，除了在美国以外，毫不新鲜。在国外，学校一向是社会变迁的温床。朝鲜和印度尼西亚政府由于受到学生的冲击而变得摇摇欲坠。日本人是西方技术最大的模仿者，但就学生的偏激行动，和因此教师们对马克思主义发生的兴趣而言，日本人早就居于领先地位。当巴黎长期受苦的学生——目前那边存在着一个受剥削的集团——于 1968 年爆发时，他们几乎使戴高乐政府垮台。

一个阶级的形成所受的外部压力，和所受的内部压力是一样多的。犹太人的受迫害，有助于他们的团结。通过这种考验，学生已渐渐形成一个特殊的阶级。学生们今天不仅使戴保护帽的建筑工人，而且使一般平民非常憎恨他们。当那些三十多岁的人相聚在一起作无害的娱乐时，人们一谈到青年，往往就使用那个不祥的代词“他们”。焦躁的老贵妇一边喝着第三杯马提尼酒，一边紧张不安地问道：“他们身上真的发臭吗？”不论什么纵情放荡的行为，不都是被归咎于白人黑人杂居的宿舍生活吗？电视节目关于伍德斯托克节日以及向华盛顿进军的报道，使那长着胡须和长发的野蛮人的形象长期地留在我们的脑海中。

客观的局外人会问：学生们怎么能够既反对官僚主义又反对市场呢？唯一可供选择的道路是以色列的那种乌托邦似的、自给自足的集体农庄。不错，实际情况确是如此。学生们并不一心要使大学变得像实际生活一样；他们却希望使实际生活变得像大学生活一样，也就是与人们所了解的以色列集体农庄那样。如果你阅读《沃尔登》* 一书，你就会了解索罗所以能够过着很好的生活，正是因为世界上其余的人供给他图书和“沃尔登”池塘沿岸不能生长的粮食。你再阅读一下弗雷德·斯金纳所著的《第二个沃尔登》，为他那乌托邦似的居留地试制一张资产负债表和损益计算书。我看你怎能表明，他那乌托邦似的居留地，如果没有他住在外

---

* 《沃尔登》一书系 H. D. 索罗所著。索罗（1817—1862）是一个颇有影响的散文家、诗人或实践哲学家。他主张生活应当尽量地单纯朴素，以便能更清晰地认识它的真正价值。他在 1845—1847 年间，曾在马萨诸塞州康科德的沃尔登池塘畔居住，本书描述了他在该地的生活情况。——译者

边的父母按月寄来支票给予津贴，仍能作为一个可生存的经济实体继续生存下去①。如果简朴的生活和明智的善良愿望能解决经济问题，那么，东巴基斯坦或海地的贫困状况不久将成为历史的陈迹了。在大学内部，情况亦复如此。食堂只供给最低限度的营养品（它所供给的只有这么多！）。在蓝布工装裤和喇叭裤盛行的时代，服装并不是一个费钱的项目。在存在着共有和分享意识的地方，居住空间根本不成为问题。

但是，你会反对说，许多学生仍然部分地或全部地依靠自己工作来上学。这是确实的，但是人数现在大大减少了：夜校是现今时代的不幸后果之一。甚至一个州立大学也必须在本校全体学生之外去寻找电话接线员和维修工人。在一些大学里，学生们大体上必须依靠自己来维持生活，这些大学与东部的一些著名大学相比，更能加强上述的论点。当我在波士顿的萨福克大学，或伊利诺斯大学的芝加哥分校这类走读学校，或辛辛那提大学和拉特格斯商业研究院这类职业院校讲学时，我深深感到，我是处在一个与我在哈佛大学、麻省理工学院或耶鲁大学的日常环境不相同的世界里。真的，在厄巴纳的伊利诺斯大学，与普林斯顿大学的差别，比它与

① 在写了这几行以后，我偶尔发现一个说明食利者心理的最巧妙的例证，这种心理赞同——啊！一个贴切的词——名牌大学学生的想法。德怀特·麦克唐纳是托洛茨基队伍中的干将，有人在耶鲁大学问他，加尔布雷思责怪赖希的“第三种意识”没有意识到它自己的经济基础，对于这点，他有什么想法？

麦克唐纳说：……我认为加尔布雷思的反应（“谁愿意去关心商店？”）是庸俗的。这使我想起，批评无政府主义的人们说，“谁愿意去收集垃圾？”顺便提一下，傅立叶对于他的乌托邦里的垃圾问题有一个有趣的解决办法。他的想法是，把垃圾留给那些顽皮的小孩子去收拾——孩子们欢喜玩脏东西，所以，就让他们这样去取乐吧。

玛丽·安托内特又活起来了，就住在以林赛为市长的纽约！

芝加哥分校的差别要小。为了理解这种差别，你应当和每年春天由各类公司派出来的招募人员交谈，他们是来访问那些可能担任低级经理职务的未来的毕业生的。这些商人向大学教师经常提出的问题之一，就是这个急待解答的疑问："为什么我们这些经商的人这么不受欢迎？我们怎样做，才能改变我们的形象？"

就我的论点来说，并不要求10%到20%以上的学生在思想意识方面发生变化。世界上的大部分人没有发生过变化，只是按照它们的先辈的方式继续生活下去。这种情况贯穿于日本对外部世界开放的整个时期。在沙皇俄国，从1905年的革命直到1917年的变革时期，情况也是如此。阅读有关俄国生活的小说以及政治流放者的书信，会使人对于俄国大多数人民的想法和行动得到一个完全歪曲了的印象，但是，它却给你展示出一幅有用的图景，表明思想界和舆论界的先驱者们对于未来是怎样想的。

林德贝克的读者们要有充分的准备才能理解，与拉尔夫·纳德有关的运动已变得多么重要。当纳德的大批追随者指责通用汽车公司经常改变汽车式样有意地使汽车变得陈旧而废弃时，为他们喝彩的主要不是颓废派和活动家们。如果情况是这样的话，通用汽车公司就不会如此担忧。《时代》杂志的许多读者今日所想的事情，政府的反托拉斯机构明天就可能想到，并采取行动。思想的威力就在这里！

对于那些准备品鉴林德贝克的这部著作的读者，祝你们健康。

萨缪尔森

麻省理工学院1971年6月

绪　　论

新左派的显著特征之一是它在思想上和政治上的不一致。它的经济学也是这样。因此,提新左派经济学这个词儿也是很不恰当的,因为这个运动没有一个明确而统一的经济政策纲领。像我这样一个局外人所能做的,只是把人们的注意力吸引到参加新左派运动或对它有影响的人经常表达的一些经济思想方面,并讨论与这些思想有关的一些问题。

我不把本书的重点放在大部分新左派文献中见到的资本主义社会历史发展的"宏伟远景"上,相反,我集中精力于新左派著作所强调的资本主义社会中的各种问题,以及新左派关于如何通过创造一种"不同的"经济制度而克服这些缺陷的建议。新左派中的许多人很可能并不认为,这里表述为运动特征的全部思想都同他们的思想相一致。

由于这种思想上和政治上的不一致,要精确地指出新左派的主要经济学家是不容易的。例如,在无数新左派的大学论文和小册子[①]中,大多数作者还没有显示出一种强有力的、独立的思想轮廓。然而,在欧洲主要的新左派经济学家中,或者更确切地说,新

① 本书资料及创作灵感的主要来源。

左派运动的鼓动家中，一定有像法国的安德烈·戈兹、比利时的欧内斯特·曼德尔这样的人，以及像路易斯·奥尔瑟塞、佩里·安德森和亨利·利菲弗这样的《新左派评论》的经常投稿人。要指出谁是美国新左派的主要经济学家，那就更困难了。但显然，像保罗·斯威齐和已故的保罗·巴兰这样的"老左派"马克思主义者，以及《每月评论》和其他马克思主义与社会主义杂志的其他一些投稿人，在为新左派运动提供一套理论方面曾起过重要的作用。在美国大学里，还有一些经济学家（主要是年轻的），在"激进经济学"的旗帜下希望改变经济研究的方向，部分目的是要进一步弄清楚新左派提出的社会和政治问题①。

新左派运动的某些成员的一般看法，显然也受了赫伯脱·马库塞的影响，尽管马库塞很少论述纯粹"经济上的"问题——除了他曾断言，对货物、劳务以及政党的偏好是由既定权力集团"操纵"的，从而意味着现存的个人偏好是不值得重视的。在马库塞所表达的、与新左派部分人员的经济哲学有关的其他思想中，有这样一种概念：今日的工人大部分已纳入既定的社会经济结构中，因此，人数迅速增长着的学生和知识分子可以形成一个新的、革命的雇员阶级，因为他们与大公司的所有者和最上层管理机构的联系，不如数十年前少数白领雇员那么密切。C. 赖特·米尔斯的某些看

① 要找一本新左派著作的选集，可参看美国"激进政治经济学协会"和"青年社会主义者联盟"以及与各政党无关的其它许多社会主义组织所编制的一些目录。新左派著作的一批文选也已出版。例如：米歇尔·科恩与丹尼斯·黑尔编：《新左派学生》（波士顿，贝肯出版社 1966 年版）；塔里克·艾丽编：《新革命派》（纽约，威廉·莫罗公司 1969 年版）。另一本有用的参考书是戴维·默梅尔斯坦编：《经济学：主要读物和激进评论》（纽约，兰登姆出版社 1970 年版）。

法，如一个相当一致的“有权势的杰出人物集团”统治着当代社会的看法，以及将来知识分子在社会改革中将发挥愈来愈重要的作用的看法，也产生了显著的影响。

在当前鼓舞新左派的力量源泉中，还必须包括当代武装革命的创议者（主要在欠发达国家），如毛泽东、胡志明、菲德尔·卡斯特罗、里吉斯·德布雷、切·格瓦拉，以及弗朗茨·范农等人。

从政治学说和经济学说发展史的角度来看，新左派在意识形态方面的传统有更为深远的背景。同情用“直接的”、非议会形式的行动反对现行制度，正是大部分新左派运动的特征，显然，这种同情可追溯到无政府主义者和无政府工团主义者的传统，包括巴枯宁关于“用行动宣传”的思想，和克鲁泡特金公爵相当类似的幻想。一些学生领袖如丹尼尔·科恩—本迪特，也到俄罗斯无政府主义者和其他非列宁主义的革命家（例如马赫诺）那里去寻找启示，而在十月革命早期阶段，列宁就已消除了这些人物的实际影响。

新左派也有显然来自“主要的”马克思主义和共产主义的传统，特别是马克思、列宁和托洛茨基的传统的一般的遗产。所谓马克思主义和共产主义的传统，我指的是传统的马克思主义文献中的一些众所周知的、相互关联的思想：“生产方式”（包括技术和所有制结构）决定“分工”，而分工则被认为是社会划分为经济的和社会的阶级的主要标准，因而也是“阶级冲突”的基础；阶级冲突决定着历史发展的主要过程；生产资料的所有者剥削工人阶级的相当大一部分剩余价值；价值准则和制度，特别是国家，是适应财产所有者阶级利益的“上层建筑”；劳动力本身已被“贬低”为市场上出

售的商品，不可能通过劳动达到“自我实现”；这种制度由于其本身内部固有的种种矛盾，迟早将被革命所推翻（例如，低贱而单调的工作与个人的自我实现的愿望之间的矛盾，这种矛盾产生了“异化”和不满；或者是生产的日益增长的社会性与生产资料的个人所有制之间的矛盾）。

在许多新左派文献中看到的这种特种牌子的马克思主义的特征是强调对分工的批判和对与此有关的“异化”概念的经常而详尽的阐述。这两方面都最能代表青年马克思和他的黑格尔学派前辈们著作特色的思想。在新左派著作中，阶级斗争观念似乎也被扩大到指一个复杂的社会结构中不同集团之间一般的权力之争，其中瓜分收入（“剩余价值”）的斗争只是一个方面。与传统的马克思主义的“决定论”相反，新左派不认为无产阶级革命后跟着实行“无产阶级专政”是不可避免的；在他们提出的各种可以想到的其他可供选择的方案中，有“资产阶级专政”或是可能同时以消费、闲暇、娱乐等形式给予工人以较小“让步”的资产阶级统治的其他形式。

新左派对分权的爱好，及其对一个建立在生产者合作社基础上的、具有一个非等级的决策结构的社会的幻想，可追溯到像弗朗索瓦 M. C. 傅立叶、约瑟夫·蒲鲁东和罗伯特·欧文那样的马克思主义以前的社会主义者。

显然，关于对消费者和选举人的“操纵”的思想，以及认为他们的“选择”不一定会得到公认的这个推论，比马库塞后退得更远。这些论点实际上非常类似古典学派（左翼与右翼）对西方民主的批评。关于操纵的论点，也多少与安东尼奥·格拉姆斯西的认为资产阶级在形成政治和文化观点方面拥有“霸权”的观念有关，虽然包含在“操纵”概念中的慎重行动的观念并不是格拉姆斯西思想体系的中心。关于“被操纵的消费者”的这个理论同约翰·肯尼思·加尔布雷思关于消费者偏好由大公司形成的思想也是一致的。事实上，虽然新左派并不同意加尔布雷思对大公司的赞美以及他的一些具体建议（或者毋宁说他的缺乏远见的建议），但是，他们对先进的资本主义社会的一些论点，却显著地与《新工业国家》一书表述的论点相类似。因此，加尔布雷思与新左派之间的类似之处，似乎在于他们的假设而不在于他们的结论。大部分新左派文献对马库塞和加尔布雷思也进行了大量的批判，特别是批判他们的“非马克思主义的”分析方法和他们降低工人运动在将来的社会变革中的重要作用。但是，我认为，在分析新左派的思想时，利用马库塞和加尔布雷思作为水准基点，有时是有用的。本书引用的“典型的”新左派见解，往往摘自新左派的主要“鼓舞者”的著作，而不是（迄今）不大有名的学者和新左派学生领袖的著作。这就是本书为什么多处提到“较老”的几辈革命社会主义者（从马克思和列宁到巴兰、斯威齐、戈兹、曼德尔等等），并摘引他们的话的原因。在许多大学文献中也有类似的系统阐述，尽管有时其学术性较差。

由于我们在这里只集中讨论新左派的经济学，实际上就把新左派的思想体系中的一个小部分划分出来，并孤立地加以详细的研究。这就不仅基本上略去以上概述的新左派运动的总的学术背景，而且也略去了它的历史起源和策略，例如新左派在为争取美国公民权利的示威运动中所用的策略，在它反对越南战争、要求扩大学生在大学里的影响、促使青年人对欠发达国家的贫困有所觉悟等方面所用的策略。

然而，如果我们要使这次讨论成为实质性的，而不致陷入杂乱无章的概念之中，则这种集中讨论新左派纲领中的一个具体的组成部分（即它的经济学）的做法，看来是有益的。

新左派经济学的显著特征，当然是它对今天的资本主义社会和对大公司所起的重要作用的批判，以及它的应如何改组经济的设想。与此密切相关但有所不同的一点，就是它对经济学家和西方世界大多数国家大学中通常讲授的经济理论的批判。在讨论本书的要点（分析新左派对资本主义社会的结构和性能的批判）之前，从新左派对这后一点的见解开始是合适的。

一、新左派对“传统”经济学的批判

在这一部分中，我们关于新左派对经济学家和经济理论的批判的讨论主要是“叙述性的”。但我还想设法指出，这些批判在我看来究竟有理到什么程度。我还打算弄清楚，经济学专业在新左派要求进行更多、更好和不同的研究的研究领域中究竟占多大部分。我们在本书后面分析性较强的部分将看到，新左派对经济学家的批判，也为我们分析它对资本主义的批判和它的创立一种“不同的”经济制度的建议，提供了有用的背景。

学院经济学家之所以受到新左派作者的批判，基本上是因为研究了“错误的”问题，即使这些批判往往是不太系统的，但看来新左派已指出了据说是传统经济学家所忽视的五类重大问题。我将在下列各节中逐一地加以讨论。

传统的分配理论

首先，据说学院经济学家没有充分地研究社会的收入、财富和经济权力的分配问题。这可能是很吸引人的，如果回答是：至少从大卫·李嘉图的著作于十九世纪初问世以来，分配概念一直是经济理论的中心问题。但是,我认为,应该承认,经济学家虽然对分配问题感兴趣,他们的分析往往建立在把收入和财富分成一些数值庞大的总额(例如利润总额和工资总额)的基础上的,而对于小的附属组织内部数目较多的个人的(私人的)分配,就不太注意。举个典型例子来说,当经济理论涉及个别的行为单位时(即微观理论),其焦点往往放在"有代表性的"家庭或"有代表性的"公司上面。根据马歇尔的传统理论,当微观理论基本上被用来作为分析整个经济(即宏观理论)的"积木"时,这种"有代表性的"单位偶然是有完整的意义的。

还必须指出,较早期的经济学文献,例如二十世纪最初的二十年间,特别是帕累托的著作,或与税收及公共财政的理论和政策有关的著作中,对私人的收入分配,曾作过十分广泛的分析。然而,作为一种全面的阐述,我认为这样的说法是稳当的:在第二次世界大战以来的这段时期内,分配问题的理论与分析的发展,比经济学的其他许多部分的发展要薄弱得多,而关于经济的稳定、成长和效率的许多问题则受到了更多的关注。

这种说法也可能是合理的:即"学院派的"收入分配经济理论,仍然建立在边际生产率分析的基础上,从而建立在供求模式的基础上,虽然由于制度上的种种考虑,例如劳动力市场组织、商品和劳动力市场中的垄断做法,以及由政府进行的收入再分配等方面的影响,而略有改变。当然,这意味着,假定收入的分配(在征税和政府转移前)主要是由社会各种生产要素的边际产品,和这些要素(劳动力、"人力资本"、实物资本和金融资本)的所有权决定的。

人们并不明白,新左派对当前的分配分析的批判中所包含的一些意见，与上述的分析是否有很大的区别，如有，则区别有多大。但是，新左派的一些著作，在解释收入分配问题时，其重点似乎确是更多地放在制度的整顿上和“权力分配”、“阶级斗争”等概念的作用上。受过正式经济理论训练的新左派作者，对与乔安·罗宾逊和尼古拉斯·卡尔多这样的边际生产率理论的批评家有联系的另外一些宏观经济学分配理论，似乎也感兴趣。这些另外不同的分析方法除非已严谨地加以发挥，并经受了认真的有事实根据的研究，否则，我们很难说它比传统的学院派分配理论更“优越”。新左派对分配问题的解释往往是以马克思的劳动价值论的某些见解作为依据的，即认为劳动是唯一的生产要素(或所有其他要素都能从劳动中“派生”出来)，相当大一部分剩余价值为资本家所剥削。

我认为，新左派对传统的收入分配理论做了正确批判的是它典型的“静态”性质。实际上，许多经济学家在很长时期里一般没有深入研究过“动态的”社会经济过程，而在这时期内，由于正规的学校教育、在职训练，以及由于整个环境对个人的影响，不同个人的生产率是有变化的：他们也大大地忽视了资本分配在一段时间内的发展，例如，通过财产继承制。但是，近几年来，学院经济学家像加里·贝克尔和雅各布·明塞等愈来愈深入研究的，正是这些问题。我只提这两个人为例，而不根据新左派分子的批判态度列举了。

传统经济学偏重于在特定的爱好条件下的资源分配

新左派对传统经济学的第二种批评意见是：传统经济学家在分析不同生产部门间生产要素分配问题（即资源分配问题）时，往往使用极不完整的分析方法。尤其是，因为他们批评传统经济学家把家庭偏好主要当作是既定的东西，从而就把调查这种偏好的形成的工作留给了其他学科，如社会学。这实际上就意味着，当前人们对于在经济分析上很有用的偏好的形成了解甚少。看一看关于偏好形成的研究文献，包括广告的效果和个人间关系对这些偏好的影响，就会十分明白，这类文献与经济学的其他领域比较起来，根本是薄弱的。因此，虽然这一研究领域也许是一个特别艰难的领域，这种批评意见似乎确有充分根据。同时，我们不应该忘记第一个提出关于偏好形成的一个重要论点——“凡勃伦效应”——的是一个经济学家，索尔斯坦·凡勃伦。

事实上，人们并不十分明白，这方面的有效研究是如何能够进行的。某些新左派作者显然把关于“资产阶级统治”和对制度、价值标准和偏好的“操纵”的理论，看成是研究偏好形成问题的天然的手段。当然，这是完全符合马克思关于为资本家利益服务的社会的“上层建筑”的发展理论的，同时也是符合于例如格拉姆斯西的关于资产阶级统治的理论的。

大多数社会科学家大概都要求对当前社会中价值和偏好所据以形成和变化的极其复杂的机制，进行较为灵活而“虚心的”研究。

大公司、居控制地位的财产占有者集团、军事机构和政治领袖的活动，当然可能是这种研究的重要课题——此外，关于工会领袖、少数派集团、各种持不同意见者团体（包括新左派运动本身在内）的作用的研究，也可能是重要的课题。只要这个艰巨的领域的研究处于其当前的这种“欠发达”状态，这种推测大概就会一直填补着缺乏科学知识所造成的真空地带。这就是说，关于个人偏好的基本自主的这种“极端自由的”思想和它的反面，即被操纵的消费者的思想，在未来的一个长时期内很可能同时并存。

生活质量

对传统经济学的第三种批评意见，在某种程度上与新左派对偏好的作用的看法有关，这种批评意见认为，经济学界对生活质量问题的关心，比他们对商品和劳务的产量及构成的关心要少得多。一部分批评意见认为他们在分析中集中于满足对消费品和可能对闲暇时间的偏好，从而部分地忽视了如工作条件、作出决定的方法，以及一般环境（自然的和人工的）的质量等问题，这些基本上都是与生产和消费的“外部因素”相关的问题。

有时由于把这种批评意见与马克思主义关于资本家“迷恋”于资本积累和“无限制地”扩大生产而不考虑社会的其他价值标准的看法连接在一起，使它带上一种马克思主义的气味。因此环境的恶化，工作中的异化，对集体服务事业的忽视，都被看成是一个资本主义社会的不可避免的特征；利润和国民总产值的增长被说成是促使资本主义“发展”的主要指标和刺激因素。

为了在这一点上替传统经济学家进行辩护，我们可以说，至少从庇古于第一次世界大战时对福利经济学做了权威的论述以来，经济理论已十分广泛地涉及诸如污染和城市毁坏等“外部影响”问题了，涉及的程度如此广泛，甚至可以构成政策行动的基础。因此，在这个领域内，传统经济学家无疑已掌握一种可以接受的解释环境恶化问题的理论——“外部”影响的理论。它说明当个别公司的生产性活动和个别家庭的消费影响了其他公司的生产过程或其他家庭的福利时，就如何会出现一种非任意选择的资源分配。还有一种有趣而迅速地增长着的文献，它分析了处理外部因素的各种方法（如税收补贴计划）。

关于劳动经济学和社会保险方面也有大量文献，这类文献将经济条件与社会条件之间的各种关系紧密地结合起来加以分析。但是，我认为，必须承认，已存在着一种将外部因素引入的趋势，特别是在我们的教科书中；同时，社会条件在经济学教科书中几乎还不是分析的中心。

忽视现代工艺对我们环境的外部影响的一个原因，可能是我们直到最近关于这些外部因素的巨大规模还没有太多的知识。空气、水和土地的污染情况，在最近几十年间也很可能已急剧增长。人们在按消费品计算的生活水平达到相当富裕的标准以前是不会最先考虑环境的，从这个意义来说，环境可能也是一种“奢侈品”。但是，空气、水和土地的污染目前已达到这样的规模，以致生活水平较低的国家现在也可能有理由去关心对自然环境和人工环境的外部影响。实际上，这个问题已不再是国家范围内的问题，而已成为国际范围内的问题了。

因此,现在是该把瓦尔拉斯关于一般均衡经济分析体制的动态理论,同我们自然环境的生态均衡系统以及人工环境系统联系起来的时候了。当然,对所有国家的实际政策中忽视外部因素问题的指责,不应仅落在经济学家身上,政治家和全体选民比经济理论家更应受到指责。毕竟自然科学家和社会科学不断提出有深远意义的建议,要我们采取行动来对付我们环境的外部影响,至少已达十年之久。

大变化与小变化

新左派对传统经济学的第四种批评意见是,传统经济学家在思想上纠缠于既定经济制度内的边际变化,也就是说他们研究可以用微分法分析小参数移动的影响,而不讨论经济制度中大的质量上的变化。换句话说,他们批评传统经济学家们把研究主要局限于接近创始状态的"局部最优"状态,而不追究在一个与我们所熟悉的社会非常不相同地组织起来的社会里,是否也许存在着某种较高的"总体最优"状态。有时,边际分析甚至被称为"反革命的"。

当然,这种批评意见与断言资源分配的分析使用了过于片面的分析方法有关,例如,没有充分地研究偏好的形成。当新左派强调需要研究伟大的历史进程,以及在制度的内在"矛盾"变得十分尖锐,需要研究制度的改变时,他们的批评意见也带有马克思主义的色彩。

因此,传统经济学家受到批判,实际上是由于忽视了"比较经济制度”这个重要而又艰巨的领域。引用马库塞的话说:“为了鉴定和说明一种最优发展的各种可能性,评论性的理论必须从社会资源的实际组织和利用中提取出来……”。[①]

我认为,对经济学家选择研究题的这种批评是很有意义的。关于比较经济制度的文献并不是经济学中最有水平的文献。但是,毫无疑问,对这个领域的某些方面曾经有过一些重要的贡献,特别是在某一十分抽象的理论方面,有时使用的分析技术使外行人难于掌握这个领域。例如,关于市场制度以及集中与分散的区别的大量文献,应被看成是比较经济制度领域里的重大成就。关于各种不同的市场形式、关于自由放任政策与“凯恩斯”政策、关于价格灵活性的作用等等的文献,也应被视为比较经济制度领域内的重大成就。

政治因素的作用

最后,新左派批评了传统经济学家忽视的**经济因素和政治因素之间的相互作用**问题。特别是,据说传统经济学家回避了经济中的权力分配问题及其对国内外政策的影响。特别是传统经济学家还被指责说,他们倾向于暗示社会中存在着某种“社会平衡”和“和谐”,从而掩盖了个人之间,集团之间和阶级之间的冲突和权力斗争这种现象。例如,在经济分析中应用均衡模式,被批评为一种回避冲突和“不和谐”问题的手段。在新左派提起“不可避免的”阶

① 赫伯特·马库塞:《单方面的人》,波士顿,比科出版社,1964 年版,第 11 页。

级斗争这个概念,并谴责出现旨在维护资本家剥削工人和资产阶级统治的政治制度以保存社会的基本权力结构时,这种批评有时也是用马克思主义的术语公式似地表述的。

关于对内政策方面,批评意见主要似乎是说,传统经济学家没有充分研究在经济上和政治上实力雄厚和在组织上完善的阶级和压力集团*的活动。他们也没有研究这些集团在牺牲没有特权的少数派集团的利益的情况下,对立法和国家行政机关所发生的专谋私利的影响。我相信,这种批评意见是有实质性的内容的。从某种程度上来说,对利益集团的活动缺乏分析,可能是在经济理论中,把个别家庭和公司,而不把组织起来的集团,作为决定性的活动单位这种倾向所造成的。当然,也有若干孤立的研究,如关于各种类型的经济规章(关于铁路、石油生产、无线电和电视等等的规章)和税收法规(其中的漏洞)如何有利于各种国家中某些势力相当巩固而富裕的集团。然而,我们仍然未能为争取一个总的看法而进行比较全面的探索。这部分地是因为许多重要领域仍然几乎没有被实验分析所渗入。

关于对外政策方面,批评意见主要似乎是说,传统经济学家——与马克思主义经济学家不同——没有充分地研究发达国家如何在其他国家中获得经济上、社会上、政治上和文化上的权势。他们也没有十分深刻地考虑到对外投资、对外援助、贸易政策、军事义务和一般的对外政策行动的作用(在这些行动中,有许多个别行动可能是对"接受"国家大有好处的)。总之,传统经济学家过分

---

* 在资本主义国家中,为影响政策制定或舆论而组织的集团。——译者

地忽视了对外控制和帝国主义的问题。

当然，还有一种发源于马克思，并由列宁、罗莎·卢森堡和鲁道夫·希法亭等作者加以发展的旧的关于帝国主义的经济理论。这种理论是建立在这样一种假设的基础上的：即资本主义国家需要在军事上花钱，或需要以国外投资的形式为国内过多的储蓄寻找国外“出路”，以避免大量的失业。当然，鉴于“二战”后的经济经验，这种理论似乎是相当过时了，战后的经验表明，国内储蓄小于投资是一种持久性的趋势，结果是过量需求、低度失业和通货膨胀等趋势。这种情况已经成为一般经验，甚至在日本和德国这样一些军费开支很小、国外投资量微不足道的国家里也是如此。看来，这说明国外投资、庞大的军费开支和侵略性的对外政策，对于资本主义国家中生产能力的高度利用来说都是不必要的。

从理论的高度来看，马克思主义的帝国主义理论可以说已经由于凯恩斯的革命而变得过时了，凯恩斯的革命告诉我们，如何通过以货币和金融政策为主要手段的精密的“需求管理”，来保持高度就业。试图重新做出更加现实的阐述（例如，哈里·马格多夫就曾作过这样的尝试），也不能消除（甚至不能设法消除）马克思主义的帝国主义模式的基本弱点，虽然马格多夫及其他一些人曾经说过，在有保证的原料供应方面的利益可能是对像美国和苏联那样的国家的对外政策进行的部分辩解。但是，这些都是一般常识性的考虑，与马克思主义的帝国主义理论不能密切连结起来——在这一点上与“普通的”经济理论也不能密切地连结起来。对于A.G.弗兰克的思想来说，也是同样的情况。弗兰克认为，实力雄厚的经济中心有一种从薄弱的、边缘的地区抽取生产要素（特别是金融资本)的倾向,因而使得经济力量的差别永久地保持下去,甚至日益扩大。

还有一种"新的"帝国主义和军国主义理论似乎比旧的马克思主义的分析更有现实性——这就是由多米尼加共和国的前任总统胡安·博什系统地阐述的"五角大楼主义"的理论。在博什看来,主要的问题并不是富国的资本家"剥削"了外国的工人,而是某些富国(如美国)的"军事—工业综合体"依靠宣传和使人误解的情报成功地分配大部分国内资源作军事用途。因此,受剥削的主要是"军事—工业综合体"以外的那部分本国人口,而不是外国人——这里所说的"受剥削"其意义就是原来可以获得的私人或公共的消费机会被拒不给予。这个理论认为,"军事—工业综合体"(不仅包括军事机构和以军事为目标的工业,而且也包括依靠国防合同生活的地区的工会和居民)对持久性的冷战发生兴趣,而这种冷战由于不时发生一些小规模"热"战而能长期保持下去。让我们把这种帝国主义理论称之为"艾森豪威尔—博什军事—工业综合体理论"。在某种程度上,它可能与正统的马克思主义的帝国主义理论发生冲突,因为后者认为,"本国的"就业和生产是靠对其他国家实行帝国主义政策来维持的,而若干帝国主义国家的工人必然由帝国主义的冒险活动得到好处。

可是,"新殖民主义"这个术语往往只是(富国所有的)大企业在不发达国家中起的支配作用的标记,使用了这个术语就无需多考虑任何马克思主义的基本理论了。因此,大公司经常由于在穷国的活动而受到批评,甚至当他们在某些方面的行为违反了本国政府的利益(例如逃税)的时候;他们的受到批评,还可能并不是由

于向不发达国家输出资本，而是由于从它们那里输入资本（例如从拉丁美洲国家输入）。

我认为，难以否认，传统经济学家很少谈到经济权力和政治过程之间的关系这类问题。因此，新左派批评传统经济学家在国内外两方面都有这种疏忽的地方可能是有充分理由的。但是，在我看来，如果利用一种比当前流行的关于帝国主义的经济理论所提供的更灵活而又不那么教条主义的研究方法，我们就能把这类问题研究得更好一些。我认为，我们需要做的事是具体地研究国内各压力集团通过经济的和其他的立法形式用以取得特权的各种手法，和具体地研究如何通过对外投资、对外援助、贸易政策、军事政策等等有时又会发生对外控制。各种经济利益（私人的和国家的）以及国家战略上的利益（例如，获得原料的可能性方面的利益）当然都当列入这类研究之内。

即使马克思主义把帝国主义看成一种为过量储蓄在国外寻找出路的手段的这种宏观经济的解释是软弱无力的，但是，各个个别公司当然常常有一种微观经济的理由，在外国扩大它们的市场，简单地说，即增加它们的利润。显然，这种企图经常得到富国政府通过政治压力或者甚至军事干涉而提供的积极支持。不难找出历史上的和当代的例子——重商主义时期的殖民主义和恰好在第一次世界大战前的“传统的”殖民主义——而这种类型的帝国主义在今天的大国政策中大概还起着一些作用。

霍布森的比较早期的一些论述帝国主义的著作和马克思主义理论一样都认定帝国主义的这种微观经济方面有相当大的作用。它是以发达国家的利润率有不断下降的趋势这一假设（实际情况证明这种假设是不正确的)为基础的。另一方面,相信商业社会一般认为对外政策的对抗是对商业团体有利的,似乎也是错误的。这一点已由股票交易价格往往随着国际政治危机而下降、和随着和平传闻而上涨等情况所证实。

评　　价

当我们试图像这里所描述的那样评价新左派对传统经济学家的批评意见(这种批评意见被归结为五点,但也许表述得“不够生动和引人注目”)时,我们可以说,这部分地是一种责难,说经济学家仅仅是经济学家,而并不同时又是社会学家、政治科学家、心理学家、哲学家等等(或社会改革家、甚至革命家)。从这个意义上说,这种批评意见可以部分地解释为一种要求更多的学科间研究的托词,这种托词可能是有意义的。有时这种批评意见又和方法论上对技术经济学(包括数学的和计量经济学的方法的应用)的反抗结合在一起。在某种程度上说,这种批评意见也恰恰是埋怨人们没有把经济学的研究推进得比现在更远些。这大概永远是一种稳妥的看法。

然而,新左派根本怀疑作为一个集团的经济学家在他们集体选择研究题目时,分配给经济工作的各个不同的组成部分的先后次序。我认为,可以令人信服地说:长期以来,在有分析才能的人们中间,存在着一种尽量少改变别人已发展了的正式模型的倾向。近几十年来发表的大量关于哈罗德—多玛模型、两大部类成长模型、以捐税维持高速公路的原理等等的文章,我认为都是恰当的例子。许多青年人为已发表的文章中的技术模型问题所鼓舞似乎胜过我们生活着的世界中更复杂、更“混乱的”问题给予他们的鼓舞。选择论题往往更多地取决于对现有分析技术的考虑，而较少地由实质性问题来决定。这些倾向可能反映了讲授经济学的环境，特别是在美国。

从原则上来说，优先选择什么题目当然是主观评价问题，但是，我认为，当前许多人会同意这种看法的，即我们最有才能的知识分子“很少”深入研究有重大经济和社会意义的领域，特别是研究那些“被忽视的”领域的人“太少了”，诸如：个人的收入、财富和经济权力的分配；偏好的形成和广告的影响；外部因素的作用；比较经济制度；经济因素和政治因素的相互作用等等领域。显然，我们同意这种看法，并非就得成为新左派的拥护者！

在试图评价新左派对传统经济学家的批评意见时，提出这样一点也很重要，即相当一部分经济分析所涉及的问题实际上恰恰是新左派很感兴趣的问题。但是，困难之处在于往往说得过于抽象，以致外行人不能明白所研究的这些问题之间的“关联”。例如，对分配理论的若干部分的研究，对集中制与分散制的对照分析，以及对作为一种情报和刺激制度的市场经济的研究，就存在这种情况。这就意味着，经济学家在把现代经济理论变成一般群众能够理解的语言这一重要的教学任务中，还不是十分成功的。事实上，对一般群众来说，领会基本研究和分析方法的发展是社会科学的长期发展所必不可少的，可能永远是困难的。

我认为，这种说话也是稳当的，即近几年来，正是在新左派所强调的那些被忽视的领域内，一直存在着一种扩大研究的强大趋势。我们可以提及的包括有关于教育的报酬(有助于说明收入的分配)、差别待遇经济学、城市经济学、各类污染对我们环境的外部影响等等越来越多的文献。关于比较经济制度和关于富国与穷国间关系的文献也日益增多。但是,新左派中的马克思主义学派也许会争辩说,传统的分析法永远应付不了这些问题,因此,要着力分析所有这些问题与资本主义的社会组织之间的关系,马克思主义理论是必不可少的。要使任何人确信经济研究工作的各种方法的有用性,唯一的办法可能是让每一个人试一试他相信的那些方法,然后让整个经济学界比较其结果。这就是说,我们必须等待一段时间才能知道,试图发展一种新的激进经济学的这批新的青年经济学家,实际上是否确实能够对经济研究做出重要贡献。如果确实如此,我希望他们的贡献能够非常迅速地被吸收到经济学的科学方法和学识的主体中去。

也有些社会科学家在他们的研究工作中,在某种程度上已成功地综合了经济、社会和政治的因素。两个最明显的例子是西蒙·库兹涅茨和冈纳·迈德尔。迈德尔的从他对美国黑人问题的研究到他对东南亚的分析,已使经济的、社会的和政治的诸因素之间的相互作用成为他的分析方法的精髓。而且,最近几十年间,主要经济学家显然并没将他们的分析局限于经济制度和社会制度的均衡地位。动态理论、稳定性分析和各类不均衡过程构成了当代经济研究的一个非常重要的分支。但是,这一点可能是确实的,即教科书之所以仍然把大部分力量集中于均衡分析,大概是因为无论从分析的角度或教学的角度来看,这样做都比较简便。

因此,经济学家对研究题目的选择,以及从而经济学界显示出来的偏好，似乎早已开始按照主要是新左派评论家所要求的方向转移。在我看来，这些被忽视的领域内所获得的最重要的成果，到目前为止似乎都是使用一套相当因循守旧的分析工具的经济学家们所取得的，虽然在许多情况下，职业经济学家最初可能是通过非职业的经济学家（如迈克尔·哈林顿）或比较书生气的经济学家（如加尔布雷思）的著作，才觉察到这些问题的。

因此，近几年来对于新型的经济研究和社会研究工作的需求的增长似乎已经开始影响到研究工作的供给。从这一角度看，可以把新左派视为从事经济研究和社会研究的“市场机制”的一部分，这一部分“市场机制”适应于不断变化着的偏好，并有助于把情报从研究工作的需求方面传递至供给方面。因此，“市场制度的奇迹”似乎具有十分深远的影响，甚至能为新左派的利益服务。这可能就是马库塞在谈到当代社会的“抑制……社会变革”、“调和反对制度的各种力量”和“将各种对立的力量结合成一体”[①]等非凡能力时心目中所指的东西。

新左派作者经常断言，传统经济学中有自由放任或保守的偏见。有时还说，社会科学与自然科学不同，必须建立在政治准则的基础上，认为要在社会科学中进行客观的研究，在原则上是不可能的（虽然马克思主义者常常说，马克思主义揭示了“资本主义的客观规律”）。

这种情况可能是确实的，非共产主义国家中的大多数职业经济学家，坚持非社会主义的政治思想意识，这种思想意识上的偏好

① 马库塞：《单方面的人》，波士顿，比科出版社，1964年版，第12页。

当然会反映在其中许多人经常以公民个人的身份而不是以经济学者的身份对经济政策提出的建议中。如果主张经济决策权应该分散和主张依靠市场就被认为是自由主义或保守主义的表现,那么,实际上多数经济学家(不仅在西方的)都是自由主义者或保守主义者。同时,多年来的经济学研究趋向于更加重视分散化和市场,也可能是确实的。我认为,这是长期研究经济学的大多数社会主义者的典型经验。当然,这并不一定就是说他们将支持自由主义或保守主义政党。他们也很可能同样是社会民主主义者或市场社会主义者。

但是,争辩说所有社会科学研究必须是主观的和以政治准则为基础的,那显然是一种曲解,而且是否认实证经济学与规范经济学之间的重大区别的一种曲解。当然,研究征收汽油税对石油工业的价格和数量的影响,而不考虑我们在这个问题上对税收或石油工业的看法,是可能的——这是实证经济学的一个例子。在我们需要决定这种税收与其他可以代替的办法相比到底是"好"还是"坏"之前,我们无需对此提出主观的评价——这是规范经济学的一个例子。实证经济学的唯一主观因素,原则上就是选题;但是,在这一方面,社会科学与自然科学几乎没有什么区别。当一位物理学家选择研究某个有关原子的题目时,或一位动物学家决定研究鱼的眼睛时,显然在选择题目时陷入了同样的主观主义。另一方面,社会科学与自然科学显然不同的特点,是它研究的对象(人和社会)在空间和时间上有很大的变化,同时,在社会科学中进行受限制的实验时所遇到的一些问题,有时令人难于辨别两种可供选择的假设。众所周知,这种困难可能要靠主观的信念来解决,而

这种信念又是以经济利益或思想意识为其根据的。这就是说，甚至建立在个人信念、思想意识或纯粹的痴心妄想的基础上的理论，有时也能残存很长时期，特别当这些理论是不易进行实践检验的一些夸大的历史—哲学幻想的情况下。另一个后果是，充满价值而又有政治含义的一些概念，很容易有意无意地被塞进科学研究中来。但是，利用非实验性的资料进行的试验近期内所取得的进展，毫无疑问已在若干事例中缩小了主观性的范围。这意味着，尽管夸大的历史—哲学幻想确实还没有受到多大的影响，但是，错误理论要遭到的“致命危险”，却大大增加了。

二、新左派对当前经济的批评

现在我们转入新左派政治经济学的较基本的部分——它对当前经济秩序的批评意见以及它对经济和社会的变革所提出的建议。我们将提出三个问题：第一，新左派的经济思想和建议是什么？第二，它们有意义吗？第三，这些思想和建议中包括些什么问题？我们的解释可以看作从经济理论的角度来考察新左派的思想的一种尝试。

把要分析的问题归为下列六类，每一类相当于经济分析中的一个传统的问题，看来是恰当的：

(1)作为分配资源方法的市场和形式化的行政管理方法(“官僚主义”)之间的选择；

(2)在决策过程中集权和分权之间的选择；

(3)在生产资料的私人所有制、公共所有制和集体所有制之间的选择；

(4)我们对物质刺激(诸如利润和工资差别)应依赖的程度；

(5)各个公司和个人在竞争和合作(或勾结)之间的选择；

(6)“经济发达”的意义。

应该强调指出，以下各节的讨论，主要涉及那些高度发达的、具有相当复杂工业部门的国家中的问题。我们即将讨论到的，正是新左派关于这种社会的思想。但是，理解以下事实也很重要，即新左派思想中感情和理智的灵机妙想，多半来自他们对欠发达国家的贫困的观察，来自认为这种贫困大部分是富国的富裕和资本主义的公司在欠发达国家中的活动所造成的这样一种信念——这是一种颇难加以证实或反驳的信念。

市场和形式化的行政管理方法（"官僚主义"）

新左派运动的一个特征是，它的大多数拥护者都强烈地反对市场。新左派的文献把市场制度斥之为原始的、低效率的、混乱的、反社会组织的、不公正的和基本上不道德的。

与这种见解有关的一个问题是，大多数新左派作者在这方面也强烈地反对官僚主义，即反对形式化的、等级森严的行政管理程序。例如，苏联的官僚主义在新左派的文献中就常常受到批评。欧内斯特·曼德尔写道："官僚主义〔在苏联〕的大量存在，既减少了生产者的消费基金，又使一大部分社会剩余转为非生产性消费……官僚主义的专横和暴虐压在工人群众的身上，愈来愈不堪忍受。"[1]他的这个论点完全代表了新左派。人们可以强烈地反对市场，或者强烈地反对行政管理制度，但是，如果我们同时反对两者，那我们就会陷入困境；如果我们排除了物质的力量，就没有第

① 欧内斯特·曼德尔：《马克思主义经济理论》第2卷（纽约《每月评论》杂志社，1968年版），第598页。

三种办法来分配资源和协调经济决策，当然，不论是市场还是行政管理程序，都可能采取多种不同的方式：市场可以有不同程度的竞争，行政管理程序可以有不同程度的集中，并兼用投票的办法来作出某些决定，等等。因此，我们愈是强烈地反对官僚主义，我们就愈应该赞成市场。

显然，新左派的许多拥护者的确没有感觉到，当他们既反对市场又反对官僚主义时，他们已陷入了困境。少数人确实因为选择了市场（例如美国的默里·罗思巴德）或者选择了行政管理的中央计划（诸如苏联模型的较传统的拥护者）而已经避免了进退两难的境地。可是我认为，这样说是恰当的，即新左派的大多数追随者从未正视过这样一种实际情况，即为了做到下列各点，我们必须有某种机制：（1）获得关于各种偏好的情报；（2）按照这些偏好分配资源给各不同部门；（3）决定使用哪种生产技术；（4）鼓励节约使用资源，鼓励投资和发展新技术；（5）协调无数个公司和家庭的决定，使这些决定完全一致，因而每一个产业所生产的产品的数量恰好是各个家庭和生产无数其他商品的各个公司所需要的那么多。

在一个没有市场或仅有最低限度市场的经济社会中，中央计划制定者需要有大量的详细情报。既需要关于是否有生产全部不同产品的可能性（任何一对产品之间的边际变换率）的情报，也需要关于消费者的爱好，即消费者的偏好函数（边际替换率）的情报。根据这种情报，从理论上说，一架假定的超级计算机就能制定出一个最优的资源分配方案。另一方面，如果当局自己决定所需要的那一“篮子”最终产品（无须设法了解和迎合“主观的”消费者偏好），那当然只要搜集关于各种生产过程的情报就行了。于是，从理论上说，借助于诸如“活动模型”和超级计算机就能制定出一个最优的资源分配方案，并得到各种生产要素的“影子价格”——这是解决过程中的一种副产品。

实际上必须把可选择的两种方案看作是非常艰巨的任务，这不仅由于现存的和可想象的计算机的能力是有限的，还由于，而且首先是由于在一个地区搜集和协调关于生产无数种商品的各种生产过程的最新情报是困难的。无论是用排队、定量供应的办法，还是用平衡市场的办法把那些集中决定的整批消费品在各家庭间进行分配，都必然会遇到这些困难。由于关于偏好和生产成本方面的情报不足，并且缺少刺激，我们就应该预计到会出现这样的情况：生产要素的非最优比例，存货储备的非最优状态，缺少有效的投资标准，以及由此而引起的资本的分配失当，产品和服务的质量不符合购买者的愿望。这种预计似乎同苏联和东欧的经验中所得到的例证颇为一致。事实上，在那些国家中，甚至把投入—产出之间的关系合理地统一起来都是困难的。看来，为了达到这种统一而作的努力，往往完全掩盖了那些为获得有效的和近似最优的资源分配（包括对产品质量的选择）而作的尝试。①

高度集中的经济似乎最成功的地方，是它能调动未充分利用的资源，并能缩减国民总产值中消费所占的份额，以便提高资本的积累率。

---

① 见阿萨·林德贝克：《论竞争和计划的效率》，载于里查德·坡特斯编：《计划和市场关系》，国际经济学协会（伦敦：麦克米伦，1971）。

曾经鼓舞过新左派的最著名的作者也忽视了详细说明完成所有这些职责的机制的必要性。他们不去正视这个问题，而往往提出像保罗·巴兰所提出的这种说法："我们可以发展这样一种社会，在这种社会里，生产是为了使用、是合理地计划好了才进行的；人与人之间的关系是以团结、合作和自由为准绳和归趋的；每个个人都在这样的制度和环境之中形成并受到熏陶和教育。"[①]或者也如巴兰所说的，在一个有计划的经济中，最合理地利用资源"体现着受理性和科学指导的社会主义社会的深思熟虑的判断。"[②] 另外一些作者则简单地评论说，生产应该服从个人的"真实"需要，而不是服从市场上所表示出来的需求。[③] 这是我们在新左派文献中所看到的有关〔资源〕分配问题的一种典型的说法。圣经几乎传送同样多的关于在一种经济中分配资源的标准的情报，在这种经济中，人们认为情报不应在市场上通过消费者自己的开支决定来提供的，而各种决定也不是通过市场上的竞争而协调的。我们无从得知究竟怎样去弄清楚有关消费品的"真实需要"。而且，出口的部门（它在许多欧洲经济社会中占制造部门的一半以上）应该采用什么标准呢？难道是外国人的"真实需要"吗？

新左派中的"无政府主义派别"的思想大概是这样的：应该采用类似原始的、仅够维持生活的经济社会中的民主家庭所采用

① 保罗·巴兰：《关于成长的政治经济学》，（纽约《每月评论》出版社，1968年版）第17页。

② 同上，第42页。

③ 例如，见曼德尔：《马克思主义经济理论》第2卷，第608页。

的那种方法来作出经济决定。其最终目的似乎是某种“议会民主”，在这种民主政治中，人民据说是彼此信赖的，或者决定是通过普遍投票作出的。这样一种模型在一个由许多个相当孤立的鲁宾逊—克鲁索式的经济所组成的农业社会中起作用，那是可能的。然而，我们所处的是一个工业社会，生产和交换过程所固有的复杂性，不仅要求各个公司内部的专业化，而且要预计到，要获得情报必须注意各个决策机构之外的千百万个个人的愿望，最后，还要求无数个不同的单位作出的数十亿个决定必须互相协调和一致。在这样一种类型的制度中，集中的行政管理规划和市场——或者更确切地说，这两种方法的各种不同的结合——是我们所知道的仅有的可供选择的恰当方法。

同新左派思想中的上述缺点相联系着的是这样一种看法，即应该把苏联的官僚主义看作几乎是一种由官僚主义者自身的意愿或某些特殊人物（如列宁，更常见的是斯大林）的个人特性所造成的不幸的偶然事件。实际上，按照我对这个问题的理解，在苏联存在的大量官僚主义（尽管它所使用的方法不一定全部都是官僚主义的）是企图用行政决定来代替市场的一种不可避免的结果。如果经济决定不是通过市场来协调，那必然要由中央行政机关来协调。新左派的作者，由于没有认识到他们事实上必须在市场和集中的行政管理方法之间或者在这两种方法的各种不同结合之间进行选择，而回避了经济制度中的实际问题。

然而，新左派的某些权威人物有时也承认，“不幸”的是，即使在社会主义下市场制度可能暂时还是必要的。其中的一例就是保罗·斯威齐所持的立场，他说：“我的观点是，市场关系

（当然，这意味着货币和价格）在社会主义的一个长时期内是不可避免的，但是，这种关系乃是社会主义制度的一种常驻的危险，如果不加以严格的限制和控制，会导致变质和倒退。”① 然而，即使是斯威齐似乎也曾争辩说，市场关系和市场中的交换，日后应加以消除：“社会主义之演变为共产主义要求对〔“等价交换”〕这个原则进行不懈的斗争，以便最终以各尽所能、按需分配的理想来代替它。”②

一般来说，新左派忽视或者没有察觉到社会主义计划理论的发展主要是从三十年代出现的兰格—勒纳的分散的市场社会主义模型中得到启发的。同样地，新左派的评论家思想上没有把社会主义的和资本主义的市场制度中经济计划技术的分析考虑在内，这种经济计划技术的分析是在战后时期由东方和西方的学院经济学家发展起来的。

在这方面，新左派在某种程度上面临着共产主义老左派集团所面临的同一困境；老左派传统地争辩说，官僚主义事实上是资本主义市场制度的一种结果，并推断说，在共产主义社会中，国家将“逐渐消亡”。这种观念即在一个不再通过市场而实际上通过国家的行政方法来分配资源的制度中，国家将“逐渐消亡”的观念，是经济和政治学说史上最令人迷惑不解的一种观念。

那些阅读并接受了肯尼思·加尔布雷思《新工业国家》一书

① 保罗·斯威齐：《答查里斯·贝特兰》，《每月评论》，1969年三月号。

② 保罗·斯威齐、保罗·巴兰：《垄断资本》，（纽约《每月评论》出版社，1968年版）第337页。

的分析的人，大概更加深信这样一种信念，即详细说明分配资源和协调经济决策的手法的必要性是可以忽视的。加尔布雷思在他的书中似乎并不认为有必要说明千百万个不同的家庭和公司——甚至数百个非常大的公司——所赖以在其营业的数百万个不同的市场上协调其活动的那些手法。加尔布雷思在谈到公司内部的计划工作，并断言市场制度已不发挥作用以后，给那些单纯的读者以这样一种印象：一个以大公司内部的计划工作为特征的经济实际上就是一种“计划经济”。在加尔布雷思的世界中，似乎我们既不需要市场，也不需要中央的行政管理计划。亚当·斯密的“看不见的手”被名为“技术专家体制”（technostructure）的看不见的中央计划制定者所代替了。

显然，经济学家们在把分配资源和协调经济决策都需要某种手法这一点，或是对市场手法在这一方面实际上完成了什么工作的了解，向新左派和一般公众传达时都还不是很成功的。人们似乎把市场制度所完成的工作完全视为理所当然的事，以致大多数人除了这种制度里出了毛病时以外对它都没有多大反应。

对非经济学家讲授〔资源〕分配和市场制度的作用问题的最有效办法，也许就是描述当市场已或多或少从分配机制中排除出去（例如，当严格的价格控制已经引入）的情况下所发生的种种问题。我相信，各个国家对租金控制的一般经验是有教益的。租金控制的结果事实上正是从最简单的供给—需求分析模型中就可以预示出来的东西——“住房短缺”（对房屋的过量需求）、黑市、那些碰巧对租金控制的房子订有合同的人们的特权、在分配可用房子时的裙带关系、有孩子家庭获得房子的困难，以及在许多地方住房储备的恶化。在许多情况下，租金控制似乎是迄今所知在毁坏城市的手段中仅次于轰炸的最有效的手段，纽约城的住房状况就证明了这一点。

看来世界各地区的新左派学生并不太了解价格控制的这些方面，因为他们已经把租金控制作为他们的一个主要的和具体的短期建议提出来。当我们看到在实行租金控制的城市斯德哥尔摩，低收入的家庭是如何为申请住房排长队等候了五年至八年之久，而高收入的家庭则常常能通过好的“门路”或黑市获得住房的情况之后，就很难看出租金控制作为一种社会政策的好处。排除或削弱市场的社会后果的类似实例，从其他方面也可以找到。

说明市场制度的作用的另一个办法是叙述共产主义国家行政控制的尝试中产生的问题。虽然这些国家在推动经济成长方面获得了成就，但它们也面临着资本主义国家中价格控制所引起的许多相同的问题——不过就其规模来说当然要大得多。它们遇到了商品短缺和由此而引起的排队现象；遇到了卖方市场以及随之而来的对生产者缺少刺激促使其提供质量好的产品、好的服务和发展新的产品。

在用行政手段来管理的经济制度中，把生产调节得适合于需要的困难，在苏联《鳄鱼》杂志所刊载的一幅漫画中得到了说明。画面展示出大约 100 人拉着一辆大车，车上放着一只一百码长三十码厚的大钉子。旁观者问道：这只钉子将用来干什么？答案是：“我们不知道，但它完成了我们五十吨钉子的全部定额。”当然，这幅漫画的要点，并不是说苏联的管理人员是愚蠢的，而是说，在一个错综复杂的工业社会中，不大大地依赖于市场，要分配和协调资源并调整得使它适合于买者的愿望，是极其困难的。

近几年来，由于这些困难在东欧已被相当公开地加以讨论，由于某些共产党国家已开始向市场制度推进，因此，颇有讽刺意味的是，在东欧，提倡较大地依赖市场被认为是进步的甚至是激进的，而在西方，青年激进派则在原则上把他们的反对市场制度看作他们意识形态的一个重要部分。

评价市场制度的一个要点无疑是在于形成偏好的方式，这是新左派进行攻击的一个问题。在新左派分子中有一种强烈的趋势，像加尔布雷思、马库塞和一些其他作者那样，争辩说偏好事实上是各公司通过生产、广告和销售业务本身任意地“捏造出来”的，它的含义往往是明确指出，因此没有理由按照流行的偏好而特别制造相应的产品。例如，马库塞断言，只要个人“是被灌输的和被操纵的（直到他们的本能），他们〔对于有关他们的“真实”需要的问题所作〕的回答就不能看作是他们自己的答案。”[①] 这种对市场行为方面表现出来的家庭偏好的拒不接受的态度，在很大一部分新左派中是具有代表性的。独特的说法是：人及其偏好和意见是由产品所形成的，因此，现在的情况是要调

① 马库塞：《单方面的人》，波士顿，比科出版社，1964 年版，第 6 页。

整需求以适应供给而不是相反。[①]

按通俗的意义说，如果说，对产品的需求是由在市场上供应产品“创造出来”的，——也就是说，人们绝不会需要他们所从未见到过或听到过的那些产品，那当然是完全正确的。人们对于食物、衣服、住房和性可能具有一般的，虽然是模糊的、不明确的偏好。但是毫无疑问，如果通用食品公司的花生酱，洛德和泰勒公司的服装，利维特公司的住房和维尔哥特·斯乔曼的《我爱东探西问（黄色的）》[*]等等产品没有投放到市场上的话，那就没有人会明确地梦见这些产品。很难理解，为什么满足这种需求就不如满足那种“自发的”需求那么重要——所谓“自发的”需求，其意义就是人们想要购买尽管市场上没有但确实存在的那种产品（也许乳房中的奶是这种产品的一例）。例如，实际上所有的文化艺术产品——从贝多芬到“披头士”乐队——那时都会属于比较不重要的和“被操纵的”需要这一范畴。

认为存在着与人们实际上表示的“虚假的”需要不同的“真

① 从这个术语的经济理论的上下文来看，我们可以说，把这种主张表述得强烈一些，就是著名的萨伊定律的一种新形式，按照萨伊的定律，“供给创造它自己的需求”。然而鉴于萨伊的定律据说是适用于整个经济的，而按照上述“强烈的”解释，新左派似乎把萨伊的定律用于个别产品和个别公司：公司被说成是能够十分轻易地（即以低廉的成本）为它们决定生产的任何产品创造市场的。因此，这就使人们感到不清楚，一些新左派作者或新左派的鼓舞者（例如巴兰和斯威齐）怎么能同时又相信，在资本主义社会，虽然人们设想个别公司有为其产品“创造”必要需求的能力，却存在着总需求的增长慢于总供给的增长的持久趋势，从而引起失业和停滞的持久趋势。然而，这种“不一致”是能够缩小的，只要对上述论题作一“较弱的”解释，即只要认为仅仅某些工业和公司具有创造这种必要需求的能力就行了。但是，为什么这些公司不把其他公司统统逐出市场呢？

* 西方世界流行的一本谈论性的书，并拍有电影。——译者

实的”需要，而虚假的需要则是受操纵而产生的，这样一种思想，也常常被移植到政治领域里来。马库塞在争论中提供了一个例子说：“民主政治看来好像是最有效的统治制度”[①]。显然，这种论证方法同极权主义运动对西方民主政治发动的总抨击（特别是在20世纪的二十和三十年代）是非常接近的。

有没有什么从经验中得到的材料可以大体上说明偏好的形成，特别是广告的效果呢？可惜，正如本书开头部分指出的那样，关于广告效果的科学研究基本上是薄弱的。然而，如果真的仅仅靠广告就能为一个公司决定生产的任何一种产品创造出足够的需求的话，那就难以说明，为什么各公司要花那么多的钱来研究新产品的可能销路呢。这种“投放前”研究的目的，归根到底是为了获得关于消费者对可能生产的新产品抱什么态度的情报。

有效研究也表明，产品发展部门认为“技术上成功的发展”的大多数产品，正是因为市场研究和市场考验所得的结果是消极的而从来没有被投放到市场上去。可以得到的少量证据也表明，实际上投放到市场上去的很大一部分新产品，尽管经常进行广泛的和预先的市场研究，也宣告失败。文献中一种相当普遍的评论是，投放到市场上的全部产品中，有1/3到1/2在投放产品的公司看来是失败的，——这里所谓的失败，是就这些公司在一年之内就把产品撤出市场这一点说的。在管理部门认为“技术上成功”的产品中，只有少数，可能只有10%—20%，经过市场研究和投放前的试验之后仍然能够留存下来，作商业上的投放。新

① 马库塞，第52页。

公司的现有的倒闭率数字也表明，相当大的一部分——也许占新企业的一半——在一年之内就破产了。(可能有人说，这些公司多半是小的，影响偏好的能力也很有限；另一方面，现有的研究表明，在开支水平相当低的情况下，广告支出所得到的收益越来越少。[①])

即使这些研究并不是很全面的，其结果看来也不能证实广告对消费的总构成有最强大的影响力这样一种大胆假设。另一方面，广告对于某种商品的消费如何分散在各不同牌子之间可能具有重大的影响——尽管各个公司的广告效果对整个市场来说会在一定程度上互相抵消。在我们研究过的大多数国家里，消费者开支模型似乎也是以这同一方式同收入和相对价格联系着的，尽管各国内部的生产结构和广告的数量和技术是各不相同的。[②] 当然，在像苏联这样的国家，情况是不同的，在那里，商品的供给是由政府决定的，更不依赖于需求的状况。然而，在苏联，恰好是对于那样一些根据西方的偏好我们期望在那里有较高需求的商品——主要是耐用消费品——出现了予人以深刻印象的排队现象，这种现象表明，苏联的家庭偏好同资本主义国家的家庭偏好

① 要找这方面的文献目录，可参看：《新产品的产生和销售》，《小企业管理》，1963 年第 4 期；P. 多伊尔：《广告的经济方面概况》，《经济杂志》1968 年，第 570—602 页。也可参看：布泽、艾伦和汉密尔顿收编：《新产品的管理》(纽约，1966 年)。

② 例如，可参看：T. 沃坦纳布：《关于私人消费开支的国际比较的札记》，《世界经济文库》，第 88 卷；H. S. 霍撒克和 L. D. 泰勒：《美国的消费者需求，1929—1970》(坎布里奇，麻省：哈佛大学出版社，1966)。并参看爱德华 F. 丹尼森和 J. P. 波尔莱厄：《为什么增长率不同：西方九国的战后经验》(华盛顿，D. C.：布鲁金斯协会，1967)，第 17 章。

相比也并没有太大的差别。通过访问而进行的对苏联消费者偏好的研究，似乎也得出了类似的结果。

利润的统计可以提供更多的关于各公司控制其市场的能力的情报。我们知道，不仅在部门间和公司间，而且在个别公司内部，不同的产品其利润都是颇为不同的。我认为，这些事实并不能为个别公司能够轻易地自行决定其利润水平这样一种看法提供证据，而这种看法在新左派文献中是时常（但不总是）出现的。要是某些公司在利润问题上自愿地选择不赢利或亏损，而另一些公司则获得20％以上的利润（按投资于新企业的资本价值计算），那将是怪事。我们也知道，各个公司的利润是随着时间的不同而有很大的变化的（除了与一般的商业循环有关的变化而外）。

当然，新左派以及马库塞和加尔布雷思对广告效果的夸大，不应该妨碍我们把偏好的形成（例如，广告的效果）看作是**任何一种**经济制度的一个重大而严重的问题。首先，很可能今天的广告已大大超过为了提供它所收编的确实情报所必要的数量。当然，这意味着那一部分广告是“经济上的浪费”，也许相当于国民总产值的百分之一或百分之几。某一部分的产品变异，以及经常改变形式，大概也是经济上的浪费，尤其是在那些消费者的选择自由受到特别限制的高度垄断部门。也有可能（尽管我们还不确知），广告数量的降低会使对消费品的偏好降低到低于对公共用品、闲暇时间和环境欣赏的偏好。但是也有可能，政治家、新闻工作者和作家为公共用品和良好环境所作的“广告”的减少，会减少人民对这些“效用”的偏好。事实上，政治家在很大程度上可能被视为公共用品和环境方面的广告人和企业家，实际上这也是他们社会功能的一个重要方面。在某些资本主义国家，如斯堪的纳维亚各国，政治家甚至似乎由于相当高的公共消费水平而获得广泛支持。例如，在瑞典，差不多总消费的30%属于公共消费部分。从这一经验来看，在资本主义国家里，获得相当高的公共消费水平，似乎并不像新左派的作者有时所断言的那样是办不到的；例如，安德烈·戈兹断言，“因此，集体的需要在客观上是同资本主义发展的逻辑相矛盾的。”①

基本的问题也许是这样一个问题：为什么大的公司、政治家、有成就的作家和艺术家会有如此不相称的权力（同其他集团相比）去影响人们的看法和偏好？或者更有建设性意义地来提出问题：能够形成一种“抗衡力量”来对付这些集团的权力吗？

当然，对于广告问题，自由—社会民主主义的惯常回答总是这样的：同垄断作斗争，改进关于消费品方面的教育，建立从事消费研究和消费情报的独立机构，制定反对危险品和反对弄虚作假、欺骗顾客的广告的政府法令和规章，等等。在这些措施大规模试行以前，要对这些措施可能产生的效果发表有根据的意见大概是不可能的。但是我相信，凡是对骗人的情报以及消费者的无知有所了解和关心的人，都不会否认在这方面需要有更多的抗衡力量。

如果人们普遍认为广告量太高，那么，征收广告税也许是使之下降的一种有效措施。当然，这里又会产生一个问题，即纳入广告的有用情报的数量也会同时下降。还有一种更为剧烈的措施

① 安德烈·戈兹：《劳动战略》（波士顿：灯塔出版社，1967年版），第94页。

就是禁止一切广告，而用国家机构传播消费品情报的办法来代替。即使这种解决办法在行政管理上是可行的，不会产生太多官僚主义的（对此我有怀疑），但大多数人是否认为这种安排在原则上是可取的，也还是一个问题，因为这意味着不让生产者为他们自己的产品辩护。某些政府的行政管理官员会获得权力来决定一般公众到底能接触什么样的情报——显然这将导致社会上情报的极度集中。在政治舞台上民主政治的拥护者大概会争辩说，应该重视的是经过宣传和讨论以后（而不是以前）而显示出来的那些偏好。这种论点大概也能应用于市场，但是一个大的区别是，在当前的社会里，实际上没有什么机构像某些政党试图限制公共开支的扩大那样来反对各式各样的产品。关于各种产品的情报渐渐成为一种独白，而不是对话。当然，正是因为这个缘故，才极端需要在市场上建立“抗衡力量”。

在新左派的文献中，还存在着一种强烈的倾向，似乎说情报的分配是可以不花费成本的。典型的例子就是巴兰和斯威齐的做法，他们把提供情报的全部活动，甚至商品的分配都包括在经济平衡表的浪费账目之中。（按照这一观点，不仅广告机构，而且政党，大概都是被看作属于经济的浪费部分的。）

当然，新左派在对市场制度的批评中，也指出了众所周知的市场失灵情况，诸如：市场制度如无经济政策的援助就不能达到经济上的稳定（充分就业和稳定的物价）；它不能自动地保证社会的安全和受人欢迎的收入、财富及经济权力的分配；如无周密的政府政策，它也不能提供集体消费的物品和处理像各种污染这样的外部因素等等。

市场制度的这些人所共知的局限性必然要求人们去建立公共部门和制定公共政策，而这又刺激了人们为建立福利国家而进行种种尝试。但是，一般来说，同其他集团相比，新左派对于改善福利国家几乎没有表现出什么特殊的兴趣。累进税、社会安全、收入再分配、公共消费和反对各种污染的实施方案，的确是福利国家的自由—社会民主主义的支持者们的活动领域。事实上，人们很容易在新左派的文献中找到对资本主义福利国家观念所采取的颇为轻蔑的态度。有时，这种态度似乎反映了对一般意义的国家的一种反感，一部分大概是马克思主义关于国家是资本家镇压工人的工具的理论的遗产。例如，马库塞就曾论证说，福利国家是“一种不自由的国家。”[①] 关于工人受现代福利国家压抑的观念，与马克思主义的国家理论是颇为一致的，但在西欧各工人政党听来确实有点荒谬，因为它们虽然常常遭受人口中最富裕的那部分人的反对，却也致力于现代福利国家的建立。有时，令人感到惊奇：新左派对福利国家所作的某些批评，竟同老右派的担心国家当局权力的增长会导致个人自由的泯灭何等相似！但是，新左派和老右派的这种部分的趋同现象，在美国舞台上似乎比在欧洲舞台上更具特色。极右派（自由意志论者）和部分新左派对政府的反感都十分强烈，以致两个线头绕了回来，两端相遇，连成了一个圆圈。因此，芝加哥自由放任学派的一位使用假名的作者，能够以新左派的点缀着四个字母的词* 的浮夸风格，给人以

① 马库塞，第 49 页。

* 系指英文 Left（左）一词。——译者

一种新左派书籍的印象。[①]

在某种程度上，新左派对福利国家的批评也可能承袭了革命的社会主义所具有的那种传统的进退两难的困境，在那里，常常出现一种短期目标和长远目标之间的冲突。如果一种福利国家在资本主义社会内建立起来了，从而许多非正义的和不安全的事情都消除了，那么，适合于最终推翻这种制度的气候又怎能产生呢？

集中和分散

同市场和官僚主义之间的选择问题有关的（虽然不是完全相同的）问题是分散和集中之间的选择问题。这两个问题之间的明显联系当然是由于市场制度是同比较广泛的分散相一致的，而在非市场制度中各种决定必须由某个中央权威机构来协调。事实上，市场经济大体上可以看作是达到经济制度的分散并同时使各种经济决定互相协调的一种方法。因此，我们愈是喜欢分散，我们就愈是应该赞成市场制度。市场制度和分散之间的这种关系意味着前一节中的讨论有许多是同这一节有关系，所以现在的讨论就可以比较简略一些。

当经济学家们提倡要大大地依靠存在着彼此竞争的公司来分

---

① 见安格斯·布莱克：《激进派的经济现实指南》（纽约：霍尔特，莱因哈特和温斯顿，1970年版）。这本小册子初读时像是左派的和激进的——某些地方属于新左派的无政府主义那一翼——逐渐地表现出是属于密尔顿·弗利德曼的派别。

散化市场制度的时候，他们常常提到，在高度集中的制度中收集和处理情报所花费的费用比市场制度要高(在市场制度中，价格和需求数量的变化会给生产者和消费者传送必要的情报)。经济学家们有时也曾说过，在以中央行政管理方法为基础的制度中，某种未经歪曲的情报实际上是以任何代价也不可能获得的。至于消费者偏好，当然，这个结论是直接从个人偏好的主观性的理论中得出来的。然而，在生产方面由于产品和生产程序在性质上的不同也存在着巨大的困难，这就使得关于“时间和地点”的特殊的知识成为对合理的决策，从而对经济效率，极关重要的东西。

这些情况不仅为非市场制度(“计划经济”)中集中决定商品流量，而且也为由中央预先规定价格(例如在奥斯卡·兰格的著名的“市场社会主义”的模型中)，设置了大量困难。在后一种制度中，价格的集中决定要求了解和控制各个产品的质量；否则，不论消费品的生产者还是生产物资的生产者，往往都会降低那些集中地规定了价格的产品的质量，正如大多数国家在实行物价控制时期实际上发生的那样。

在我看来，从上述见地可以得出这样一个主要的论断，即在处理情报和拟定近似的最优分配方案时，以电子计算机来代替市场上的分散竞争的可能性是很有限的。因为，情报系统在传达诸如偏好、产品质量和生产程序的说明等复杂的信息时，运用由市场决定的价格以外的其他工具是不能胜任的。至于在产生(关于消费者偏好和生产技术的)情报方面，以及在为按照消费者偏好进行有效活动造成刺激方面，电子计算机不能代替市场当然就更加明显了。显然，这样的论述并不否认如下事实，即计算机对于大多数国家来说都是非常有用的工具，而在这些国家市场机制是中央计划的重要补充，计算机能使用通过市场和其他方法产生出来的资料。

旨在详细地指导（特别在复杂的经济中指导）资源分配的集中的行政管理方法，存在着一个特殊的问题，即这些方法实际上意味着在公司和最高决策者之间有若干行政管理机构的“层次”。如果情报要经由这些层次的“过滤”，那么，由于早先提到过的那些理由，说大部分情报被丢失了，留下的那部分情报被歪曲了，可能是一种合乎情理的假设。细节越是由最高层来决定，详细消息的损失当然就越严重。

这个问题由于以下情况而显得更为突出，即行政管理的等级制度实际上而且大概必须是金字塔式的：接受下面来的情报的人员数目，大大少于发出情报的人员数目。因此，在金字塔顶端的人，只能用他们很少的一部分时间来处理下面各级精心分析和考虑过的问题。而且，最高一级的大量情报和决定意味着，在上层行政管理机构中的“不合格的”官员（“助手”）事实上不得不作出决定，尽管他们的一般资格（从而不仅他们的具体情报）常常低于低级单位（例如公司）中最合格的官员。因此，不仅情报在通过各种行政管理层次的“中途”被丢失和被歪曲，而且大多数决定事实上可能都是一般资格较低的人员作出的——所谓较低是同这些决定如果改由公司一级来作出相比而言。

显然，情报和协调方面的缺陷并不是集中的行政管理制度所独有的。分散的制度也苦于缺乏情报和不够协调。例如，在分散的制度中，存在着这样一种明显的危险，就是公司一级并不了解或考虑宏观情报（即有关整个经济的情报，有时高级行政管理机构可以得到)。因此,个别公司可能按照关于经济活动总水平和整个经济成长率的不切合实际的、自相矛盾的一些设想来安排计划,冒生产能力暂时过多和各种各样宏观经济的不稳定性的风险。在市场经济中,这意味着投资决定的协调可能由于集中收集情报而得到改进。当然,这是在法国、日本以及也许在较小的程度上在斯堪的纳维亚各国所使用的那种"指示性计划"("indicative planning")的主要论据之一。①

这些考虑是同对新左派思想的评价很有关系的,因为在新左派的文献中常常表露出对分散的深切同情。在这方面,新左派也背离了老左派的主要传统,老左派的观点一般来说是比较拥护集中制的,比较强调由中央集中规划。产生这种差异的原因之一可能是今天的年轻一代已体验了既与资本主义社会中大公司和国家中趋于集中的倾向有关的问题,又体验了与大多数共产主义国家中影响深远得多的集中化有关的问题。但是,新左派的某些"较老的"鼓舞者,并不像较"传统的"马克思主义者如莫里斯·多布那样,以及在某种程度上如巴兰和斯威齐那样,而是对集中化也表现出一种强烈的反感。曼德尔就是一例:他认为,在一个以"有计划的官僚主义和集中的方式"为特征的经济中,"牺牲是不问牺牲者的看法和未征得他们事先的同意而强加的。这样一种管理制度是同社会主义的原则相反的,而且它导致的经济成果一定不如一个更民主的管理制度所能取得的那种经济成果。"②

---

① 见林德贝克:《论竞争和计划的效率》。

② 曼德尔,第 2 卷,第 631 页。

新左派的一个根本的进退两难之处——不过在新左派的文献中没有清楚地表达出来——是他们对权化的深切同情同他们对市场制度的深恶痛绝是难以调和的;因为,市场制度大概是在复杂的工业社会中容许广泛分权的唯一的一种经济制度。这种进退两难的困境因以下事实而显得更为复杂,即某些新左派人士——有时也正是那些赞成分权的人士——也常常提倡比较集中的社会经济规划。在这方面,新左派在某种程度上面临着工团主义运动所面临的这种困境,工团主义运动也是同时强调分权化和由中央进行规划的。

对于这种困境的权威的回避办法(不是解决办法)大概是争辩说,在短期内集中化是必要的,但在未来的社会里实际上将实行广泛的分散化——这是同马克思主义的归根到底国家"消亡"的观念相联系着的一种思想。(另一种类似的情况是大多数新的军事独裁当局有这样一种倾向,断言今天所采取的极度的中央集权实际上将为未来的民主选举和分权准备好基础。)关于在未来共产主义社会中将不存在中央计划的思想——虽然在资本主义和社会主义之间的过渡时期以及社会主义阶段的某一时期,比较全面的中央计划将是必要的——在某些像斯威齐和曼德尔这样的新左派权威中是有代表性的。但是,这种暂时的集中规划应该在群众热切关心和参加下实行。"没有革命热情和群众的参加,集中计划就会日益变成极权主义的和僵硬的东西,终于使经济困难和经济失败日益增加"[1]。在我看来,对于这些问题,巴枯宁比马克思主义者实

① 斯威齐:《答查里斯·贝特兰》。

际得多，他否认国家权力的加强，例如通过“无产阶级专政”，会使日后的国家权力的急剧缩减成为可能，正如国家“消亡”的思想所表示的那样。

当然，寻找集中和分权——以及市场和行政管理方法——之间的最优结合，是一个一般性的问题而不是新左派特有的问题。然而，使新左派的窘境特别引人注目的是，社会上几乎没有一个集团既强烈地反对市场和官僚主义，同时又同样强烈地赞成分权（虽然如前所述，有时也要求比较集中的计划）。

这种“自相矛盾的言行”在某种程度上大概是这个运动的组织不纯的一种表现——表现在给具有完全不同的意见的人贴上同样的标签——而且，在某种程度上，这也说明他们的政治立场往往也是有所不同的。但是，要求分权和要求集中计划两者之间的这个明显的矛盾在某些情况下也许可以通过这样的说法而得到解决，即集中制今天出现于许多几乎不需要这种集中制的地方（例如在一些欧洲国家的学校制度中），而在许多最需要它的地方却又不存在（例如一般来说在资源保护领域和外部因素领域）——这正是本书作者的意见。

新左派运动的一个与此有关的特点是它倡议在公司和其他组织内部实行分散，而这种倡议往往被表述为对各主要组织内部决策程序上的“等级结构”的批评和它的关于雇员异化的有关主张。许多作者要求比较民主的决策程序，有时要求“分享的”或“直接的”民主制。曼德尔和戈兹就是属于强调“工人控制”的人物。①

① 例如，见曼德尔，第2卷，第644—680页；戈兹，第40—50页。

总之，新左派似乎已经把现今资本主义社会的缺乏民主作为他们批评资本主义的主要目标之一。因此，关于工人控制工厂（或共同控制工厂）的老的要求，现在往往还加上学生控制学校这个要求，这种要求是新左派立场的最显著的一个特征，它往往被表现为“控制我们自己的生活”这样一种要求。

不容否认，在当前的社会中，大多数公司和其他组织都有一种等级制的决策结构。这也并不能不言而喻地证明这种结构总能带来最有效的经营管理方法。而且，即使它是最有效的方法，当然仍然存在着这样一个问题，即在效率方面所获得的利益，是否能抵得上其他方面所可能造成的、大部分是未知的各种损失，例如在“个人对工作的满意”方面的损失。按照这个观点，似乎有充分的理由对各种机构内的决策结构的新形式进行试验，并饶有兴趣地仿效某些国家对更加“民主的”决策程序进行的试验：例如，南斯拉夫的工人委员会，和挪威的规模较小任务也比较有限的工人委员会，挪威在挑选出来的少数公司中已对工人“自治”小组进行试验，这是雇主和雇员组织之间合作的一种结果。

实际上，比较民主的决策程序和工人参加管理的问题，当然是同财产所有权（property rights）从而也同生产资料所有制（ownership）的问题紧密相联的；财产所有权的一个重要组成部分是在公司内部选择决策程序，这种决策程序可能有相当大的改变，尽管**形式上的**生产资料所有制没有任何改变。“所有制”的意义完全是相对的，并且完全随各个国家的法律和行政管理措施而定。这就把我们带到下一个问题——生产资料所有制的结构问题。

资本的所有制

新左派对社会抱有一种极其平均主义的看法，因而遵循着社会主义传统中基本上老一套的主张。如同一般的社会主义者一样，这种平均主义的态度必然会对现今社会中的所有制结构进行强烈的批评。

反对私人资本主义和赞成集体所有制的权威的论点（而且可能在道德上和感情上是最强烈的）可以通过浮夸地追求平等而表达出来。例如问：为什么财富——从而收入和经济权力——应该像现今资本主义社会那样不均等地进行分配呢？就我个人而言，我总是把这一点看作是赞成某种形式的社会主义的主要论据。但是，必须承认，私人资本主义的某些问题确实是不能用集体所有制来解决的，而且必然会产生一些新的问题。

让我们首先考察一下某些通过公共所有制不能自动解决的私人资本主义问题。在现今的社会中，物质财产形式和金融财产形式的资本显然仅占经济中财富总额的一部分。资本总额的一个巨大的、日益增长的部分是由已获得的教育和训练这种形式的资本所组成的——这在近年来已被命名为“人力资本”（“human capital”）。看来，人力资本所得的报酬作为美国收入不平等的一种解释，在今天已经比物质资本和金融资本所得报酬更为重要。在大多数发达的国家，大约国民收入的3/4是由工资收入组成的，其余部分则体现了利息、租金和利润。近来对美国所进行的实际研究，如雅各布·明塞所作的一项新的（尚未公布的）研究，表明在美国至少有 2/3 的工资(和薪水)收入上的不平等能够用人力资本的分配来解释。因此,假定人力资本是不能国有化的(只要奴隶制度是不能被接受的话),那么,物质资本和金融资本的国有化就只能将资本总额的一部分,并且可能是日益减少的一部分,从私人的手中转入集体的手中。当然,物质资本和金融资本的国有化本身,就会对社会上收入、财富和权力的分配发生重大的——虽不能说是激烈的——影响。

代替人力资本国有化的最明显的措施大概是人力资本所得报酬的(一部分的)国有化,例如通过征收累进税。从长远来看,一个有效得多的措施很可能是扩大教育体系以增加受过高等教育的人的供给,从而影响工资的差别。可是,那时我们就处于通常的自由——社会民主主义政策的世界之中,在那里,人们总是通过这种方式——尽管未必成功——来与收入分配上的各种不平等作斗争,或者至少已有人提出通过这种方式来与它们作斗争。

因此,由诸如西奥多·舒尔茨、加里·贝克尔和雅各布·明塞这样一些经济学家想出来的人力资本这个概念的应用,不仅对于各种分配政策的实用性,而且对于政治思想,看来都有重要的含义。实际上,按照资本的这个新的定义,许多新左派分子本身,作为投资于人力资本的学生,都是"资本家"——他们拥有、控制和享有资本所得的报酬或者日后会这样做。所有对资本形成的特征——包括消费的延期、过去的开支的报酬、对各生产过程的控制以及支配别人的"权力"——的认真的研究都表明,在物质资本和人力资本之间存在着一种明显的和基本的类似之处。

不能通过集体所有制自动地解决的另一个问题当然是社会上

权力的分配问题，特别是在集体所有制和经营管理的比较集中的形式下的社会的权力分配问题。在一些资本主义国家，例如美国，存在着经济、政治和军事的权力都集中在同样的一些人的手中的明显的趋势（但是，有的国家，例如斯堪的纳维亚国家，也许就不这么显著）。当然，这可以由美国经济上强大、组织上完善的压力集团的惊人政治权力来说明；这些压力集团在许多场合具有足够的能力来促成有利于它们自己的立法——如税收条文中的漏洞、农业和工业中的补助金和保护措施、某些工业的调节——但是，社会地位低下的少数人则不能得到良好的教育、基本的保健，在某种情况下，甚至得不到足够的食物。

一个资本集体所有制的社会，通过消除特权、帮助少数贫穷集团获得一种还不错的生活，依靠行政管理人员的价值准则、诚实和利他主义，解决上述问题中的某些问题，是十分可能的。但是，解决经济权力和政治权力的分配问题，大概是不可能的。至于集体所有制问题的一个集中的解决办法——即国有化。我们希望把问题强调一下，因为那时，对物质财产的大部分经济权力，将集中在恰巧也行使着政治和军事权力的那“同一个人的手里”，即集中在处于中央地位的政治家和行政长官的手里。例如，虽然今天在某些资本主义国家中我们有一种强大的、有时能激起对外侵略政策的军事—工业综合体，但是要说国有化必然会使一个国家减少利用这种经济、政治和军事的综合力量来提高巨额的军事开支和助长对外侵略政策的倾向，看来是不能令人信服的。南斯拉夫前副主席米罗凡·德热拉斯甚至怀疑，我们是否应该真正谈论像“集体的”所有制这样的问题，因为，事实上在任何一种制度中，总会有一些管理并从而控制资本(还可能同时享有其成果)的个人,而这在德热拉斯看来,就是"所有制"的实质。[1]

军事—工业综合体的问题,看来是下面这个更大的问题的组成部分:在一个政治、经济和军事的权力多多少少会落到同样的一些人的手中的社会里,谁来保护个人呢? 这个问题在资本主义国家显然已经引起关注。我认为,一个典型的事例是各个国家中超音速飞机的设计:如果两个自认为有声望的政府,如法国和英国政府,同两个大公司合作建造一架飞机,要是飞机的生产成本得不到补贴、遭受声震* 损害的人又必须给予赔偿的话,大概很少人会愿意乘坐这种飞机,这时,究竟谁来照顾个别消费者的利益呢? 如果政府不仅同私人的飞机生产者合作,而且事实上拥有飞机制造厂(像法国和英国在某种程度上做的那样),这个问题也不见得会少暴露一些。在政府和产业之间出现相依共存现象的类似事例,在包括美国在内的其他国家里也能容易地找到:美国政府之卷入石油工业、各种原料存货、原子能、导弹、火箭和通讯卫星系统的调节控制工作中去,就是恰切的事例。在这些领域,加尔布雷思关于一个统一的"技术专家体制"的想法,是有说服力的。

毫无疑问,新左派对于国有化经济中权力集中所固有的危险性有一定的认识,这不仅表现在他们对分散的同情上,而且也表现

① 甚至斯威齐都曾经暗示过对"公共所有制"的这种观点:尽管对于经济决策已经分散到各企业的管理部门、资源在相当矢的程度上是借助于"不受个人影响的市场压力"来分配的制度来说,"在这种情况下,国家财产所有权的法律形式日益成为空洞的东西,而对于生产资料的真正的权力(这是所有制概念的实质)则被吸引到最杰出的管理人员的手中"(斯威齐:《答查里斯·贝特兰》)。

* 以超音速飞行的飞机在降近地面时因机头冲击波受阻而发出的爆音。——译者

在他们对苏联制度的批评上。这既适用于对内政策问题，也适用于对外政策问题。对比而言，在坚持马克思主义方向的左派的比较正统的文献中，这种危险性往往遭到断然否定。巴兰和斯威齐曾直率地宣称："军国主义和征服是同马克思主义理论毫不相干的，社会主义社会不存在这样的阶级或集团，它们像帝国主义国家的大资本家一样，坚持从征服其他国家和民族的政策中获利。"[1]凡是知道和体验过像爱沙尼亚、拉脱维亚、立陶宛、波兰、东德、捷克斯洛伐克、匈牙利、罗马尼亚和保加利亚这样一些国家在第二次世界大战以后发生的各种事件的人，大概是不容易接受这种说法的。

即使当马克思主义关于帝国主义、战争和种族主义的理论在新左派的著作中并不是教条主义地提出来的时候，也明显地存在着这样一种遵循马克思主义传统的倾向，仿佛说这个世界上最坏的事物包括帝国主义在内，主要都是生产资料所有制的具体结构——私人资本主义所造成的结果。例如，按照曼德尔的看法，社会主义的计划工作归根到底会带来"市场经济、阶级、社会不平等、国家和分工的消亡。"[2]

我个人感到，以所有制结构为一方，以政治的、社会的状况为另一方，两者之间的相互关系实际上是相当模糊不清的。前工业社会和前资本主义社会，确实是以军国主义、对外侵略政策和帝国主义为其特征的——而当今的非资本主义社会，也几乎没有摆脱

① 巴兰和斯威齐，第186页。
② 曼德尔，第2卷，第637页。

一种军事—工业综合体和一种民族主义的对外侵略政策！如果我们竟然愚蠢到仅仅挑出一个因素来解释过去几千年中的帝国主义政策，那么，看来各个国家的大小和经济潜力是比生产资料所有制的结构更加重要、更能说明问题的可变因素。这个假设同认为当今两个主要帝国主义国家是美国和苏联这一（合情合理的）观点是一致的。这意味着，用“私人资本主义”来解释“帝国主义”是不适当的，帝国主义倒是必须归因于某些国家中经济权力和政治权力的集中，这是阿克顿勋爵下面这句冷嘲热讽的话的一个说明：“权力起腐蚀作用；绝对权力绝对地起腐蚀作用。”

我还认为，新左派低估了各大国对外政策中意识形态的重要性。无论苏联的干涉捷克斯洛伐克，还是美国的干涉越南，大概都有意识形态上的动机——分别支持共产主义和反共主义——完全撇开两个大国的“经济”利益不谈。当然，对此还必须加上对国家安全的长期考虑，也许是决定性的考虑。

看来，国内的政治和社会状况也只是模糊不清地同资本的所有制结构相关联着。因此，资源的分配和社会的状况——诸如公共服务的质量和对少数人群的待遇——在物质资本（基本上）国有化的各国具有相当大的差异。在基本上是私有制的各国，也有类似的差异。例如，对于在产业部门中具有相同（几乎相同）所有制结构（在工业、银行业和农业中 90％为私人资本所有制）的各个不同国家，像美国和斯堪的纳维亚各国，如果我们把它们的以下现象，诸如用于防卫（和进攻！）的军事开支的水平、贫民窟的状况、社会安全、公共服务的质量、不公平待遇和种族主义的状况、收入再分配的承诺状况等等进行比较的话，那么，社会状况的这些差异部分地是同下面的事实有关的，即具有形式上相同的所有制结构的各不同国家，通过立法和社会经济政策，已给所有制概念赋予了不同的内容。

当然，在原则上是能够通过把权利交给国家当局、雇员或消费者的办法使财产所有权削弱到这样的地步，以致物质财产的所有权按经济权力来说同政府公债和银行账户的所有权不会有多大区别。在我看来，把许多资本主义国家中相当固定的形式上的所有制结构看作近几十年来这些国家财产所有权的内容，从而经济权力的内容，没有多大变化的一种迹象，那是一个根本性的错误。我想，要是说在决定经济权力方面，形式上的所有权的分配比教育和政治影响更为重要，那也是毫无把握的。

当然，这并不意味着没有各种复杂情况和不利条件就能广泛地削弱财产所有权。如果这种削弱的进程超过了一定的限度，那么还会遇到这样一些困难，如责任区分的不明确及由此而带来的效率下降的危险；权力高度集中在一个政治家和行政管理人员集团的手中（特别是如果这个集团也担当着企业家和经理人员的职责的话）；通讯线路太长；严重的官僚主义化的危险等等。社会科学的一项重要的研究任务——也是一个重要的政治问题——就是要为各个领域中这些限度应放在什么恰当的位置上进行调查研究。

根据上面的考察，看来在保守的政治家和社会科学家中间常常遇到的这样一种看法（例如见弗里德里希·哈耶克著名的《通向役奴之路》），即资本的国有化必将导致专政的看法，也是颇有问题的。在历史上，国有化和专政出现的先后顺序看来倒是同哈耶克所说的顺序相反。今天所有的共产党专政，都是专政先来，后来才出现国有化，而不是相反的途径（苏联是个例外，在苏联，国有化和目前形式的专政是同时出现的）。相同的顺序——先有专政后来才实行国有化——也必定适用于大部分都是国有化经济的一些非共产党专政国家（例如缅甸和叙利亚）。看来，还没有一个国家的例子足以说明，是国有化导致了专政，或者两者必须一起进行。

当然，这并不否认在将来有可能出现这样的事例，即广泛的国有化导致权力高度集中在政府的手中，以致很容易转变成为专政。从另一个角度来看这个问题，把分散的市场制度引进专政中来，也完全可能有助于为政治制度的分权和民主化铺平道路。事实上，这种可能性是本世纪六十年代捷克斯洛伐克要求实行经济改革的主要原因之一——也许还是为什么以如此猛烈的方式停止经济改革的原因之一。一个经济社会内部所有权和决策结构对于各个政党可以用来进行情报和宣传活动的手段有着重大的影响，似乎也是很明显的。

因此，要是说经济结构和政治结构之间没有关系，那是荒唐的。对于经济状况和政治状况之间有限的相互关系，我们主要看法是：这种关系是如此地复杂，以致简单的概括——不管是哈耶克作出的还是马克思主义者作出的——都是没有说服力的。当然，这样说并不是企图缩小主要以公有制为基础的社会中权力的极度集中和个人自由受限制的危险。可是，我认为，比较普遍的危险是官僚主义化、缺乏来自下面的积极性以及高级政府官员不接受批评的倾向（为了个人名利），而不是（法西斯主义或共产主义意义上的）专政。

在国有化经济中同权力的集中有关的某些问题，也许（至少在原则上）可以通过把经济权力分散到公司一级来解决。这样一种分散，正如已经指出那样，可能完全和新左派在这一点上的共鸣相一致。看来，在新左派许多著作中，理想的经济结构是一种自治的（可能规模相当小的）、归雇员们自己所有并由他们自己经营的公司——一种生产者的合作社或“集体资本主义”的经济。曼德尔谈到了“生产者和消费者的自由公社的自治，在这些公社中，每个人将轮流承担行政管理工作，‘指挥者’和‘被指挥者’的差别将被消灭，而整个世界终将成为由这些公社组成的一个联邦。”[①]许许多多这样的公司实际上是于十九世纪后半叶和二十世纪初在欧洲大陆兴起的。这些公司之所以在同资本主义公司的竞争中表现得无能为力，传统的解释是他们从来没有成功地解决过管理的问题，可能也没有成功地解决过积累资本的问题和一般财政问题。

可是，要在复杂的工业体系中，使分散成为可能，那就必须如前所述地大大依靠市场。从这样的观点来看，确实值得注意的是，东欧的更大地依靠市场的趋势是同想把权力分散到公司一级的企图（仍然是在公有制范围之内）结合在一起的。但是，我们还不知道，这些国家的政治家和中央行政长官是否真正愿意放弃他们在昔日的集中管理的经济制度中所获得的权力。在集体所有制占统治地位的经济中实行广泛的分权，会陷入的一种困境是：能够决定他们是否要放弃这一权力的，正好是那些掌握着政治权力的人。在私人资本主义制度下，当资本的所有权不是集中在一个或少数

① 曼德尔，第2卷，第677页。

几个人或公司的手中时，相当大的权力的分配或多或少是自动地实现的。因此，在希望实现分权和要求实行公有（特别是政府所有）的两派人之间就很容易发生严重的冲突。

可是，让我们假定，建立一些以分权的市场社会主义为特征的、可能还兼有一些民主制度的社会，实际上是可能的。在这种情况下，还会存在什么问题呢？首先，经济不稳定问题、工资收入分配问题以及外部因素问题，绝不会同资本主义社会中相应的问题有很大的差别。事实上，短期投资周期在大多数东欧“社会主义”国家里似乎并不小于资本主义西欧各国。而且，一旦价格和工资形成发生了适度的分权化，通货膨胀的问题似乎就会出现，而完全不顾所有制的结构如何。例如，请看南斯拉夫和捷克斯洛伐克在试验市场社会主义时期的迅速上升的通货膨胀率。此外，在不同的经济制度中，对环境的消极的外部影响采取有效的行动的能力，似乎是不以现实的经济制度为转移的；采取这种行动的最重要的先决条件也许实际上是一种有关的、积极的舆论，从而也是自由的讨论。

社会主义市场经济中一个比较特殊的问题看来是想方设法使每个人在生产领域的私有制已不被容许的时候还能激发出新的积极性来（诸如发展新产品、新公司和新的生产技术）。

如果只有那些已经达到了现行等级制度的最高层的人才容许发挥积极性，那么，积极性是否就不见得会受到阻碍？那些已经身居最高职位的人经常关心的也许主要是失去这种职位的危险，事实上，这意味着尽量避免风险；把这种危险减少到最低限度的最有效办法也许是避免冒新的风险。在公司内部较少等级的组织制度中(例如,全体雇员都有选举权并根据多数人作出决定),上述问题能否避免还看不清楚。即使在这种情况下,如果每一场合都必须使多数人相信,某一种新产品是值得生产的、某一种新的生产方法是值得采用的,那么,要进行新的冒险行动也可能是困难的。另一种复杂的情况是,要使一个公司中的大多数人相信,某一个工厂应该迁至另一个地区或者可能应该彻底关闭,是很困难的。我们需要关于这些问题的更多的知识,而这大概还需要作一些实际的试验。

不能否认,资本主义制度多半已经解决了这些问题,例如,任何一个能够筹集必要的资本的人,都被允许对某一项设计(尽管这项设计既得不到已建成的公司的经理和政治家的信任,也得不到现有公司大多数雇员的信任)进行试验。对资本主义各国革新过程所进行的现代实验性研究似乎表明,技术的进步实际上依靠几千个(虽然不能说几百万个)个人的决定。这种研究还表明,"局外人"——往往是新公司或外国公司——常常把真正"大而新"的商品和生产方法引进到一个国家中来。(例如,如果个人不经国家当局准许就无权创办新的期刊和出版公司,那么,新左派自身又怎么能够发展呢?)

鼓励积极性这个问题,以及防止官僚主义化和防止经济、政治与军事权力高度集中在同样的一些人的手中的问题,大概是全部国有化或大部分国有化经济中所没有解决的根本问题。公有制十分可能会导致某种改进——按照通常的价值标准和同私有制相对而言的改进——的一个领域当然是来自物质财产和金融财产的收入的分配。

物质刺激和分配问题

总的来说，新左派对物质刺激——表现为利润和工资差别——是完全持否定态度的。当然，这反映出新左派运动的平等的倾向，也许还反映出作为这一运动的部分特征的“经济清教主义”的倾向。相反，他们强调“精神刺激”，强调归根到底创造“一种新人”（按照格瓦拉的信念）。

因此，新左派不十分赞成把工资差别用来作为对效率、教育和训练的刺激，或者作为分配劳动力到各种工作岗位上去的一种方法。新左派纲领中的这一组成部分是非常重要的，因为，对经济刺激的唯一现实主义的代替办法可能是——而实际上在所有的经济学家看来，就是——政府的征募（conscription），从而消灭个人（在同别人相竞争中）选择一种职业的自由。可是，应该特别提到的是，今天许多国家的工资差别已到无法从效率和分配的观点加以辩护的程度，这是有可能的（虽然我们并不了解这种情况）。也许更重要的一点是今天的工资差别反映了人力资本的目前分配状况。通过人力资本投资的比较平等的分配使工资和薪水的收入也达到比较公平的分配，应该是可能的。

新左派对利润的批评是特别起劲的，按照马克思的价值理论，利润通常被看作是剥削的一种形式。所以，他们并不认为某些部门或公司的高利润是高效率的一种标志，或者是扩大这些领域的生产的一种可取的刺激因素。相反，他们把高利润看作是特别大的剥削的一种标志。即使那些因高效率而获得高利润的公司，恰好也付了较高的工资(这是常有的情况)。因此,利润似乎主要被看作是收入转移的一种形式——必须承认,它是利润的一个方面,至少在垄断市场的情况下是如此。

显然,根本的观点是,按照预期的利润来分配资源并不是社会所能接受的。这种观点通常并没有被明确加以说明,反而在例如"生产应该根据需要而不是根据最大限度的利润加以指导",这样一种说法中被当作一种公理。很少为人们所理解的是,有关的问题并不是利润与需要的问题,而是一个以利润动机为基础的市场经济究竟在何种程度上是或不是按照称心如意的标准(例如个人的偏好)来进行生产和资源分配的问题。

正如经济学家们长期以来试图指出的,只要存在适当的竞争,并且集体消费物品的供应和外部因素的问题也能想办法得到解决(实际上是借助于政府政策),要找到一个比按照预期的利润来指导生产更好的标准,以便有效地分配资源,使之符合既定的消费者的偏好,那是非常困难的。当然,理由很简单,利润是衡量生产结果的价值和所使用的生产资源的价值之间的差额的一个尺度。要找到比利润更好的刺激因素来实现资源的有效分配和改进生产技术和产品质量,也已经证明是困难的。

显然,这种意见支持着东欧和苏联的一些国家中正在出现的要把最大限度利润作为日益分散的市场制度中个别公司的主要目标或主要目标之一的那种新趋势。苏联农业中的一个寓言说明了这一点。农庄的劳动起先是按照耕地和播种的面积来支付报酬的,其结果,耕地求快而不求细,播种的间距很大。为了提高效率,当局决定按照土地的产量来支付报酬,其结果,庄员们使用了他们所能掌握的一切生产要素，直到产量上升为止，不管所花费的成本如何。为了刺激庄员们厉行节约，即在产量和成本之间进行对比，于是当局想出了根据产量的价值和生产的成本之间的差额对庄员支付报酬的办法。当然，这个差额无非就是利润。即使这个寓言并不是说明利润动机如何在苏联重新被发现的一篇可靠的叙述，但它却使人们直接感觉到，为什么公司的利润水平在公司内部不仅作为衡量效率的一个标准，而且作为刺激效率的一个因素，都是恰当的。

对于东欧经济的新发展，特别是市场和利润动机的恢复，新左派的文献通常是不大欢迎的。在这一意义上说，新左派可以说是马克思主义价值理论的一些相当“纯正的”继承者，因为他们对利润，甚至对利润并不由私有财产所有者获得的那种社会中的利润都持批评态度。按照这一观点，在东欧（例如在匈牙利），从利润中提取奖金付给国营公司的经理这种趋势必定是扰乱人心的，因为，这种奖金实际上同资本主义公司中付给持有股票的经理的股息是非常相似的（只要国营公司的经理没有被解雇）。

众所周知，把利润当作一种剥削形式的观点，有时会导致颇为荒谬的结论。例如，政府行政管理机关和大公司中高工资的雇员（在公司中没有股份）被认为是被剥削者，而获得少量利润的小公司的低收入的公司所有者，则被认为是剥削者。遵循这条推理路线，几年前，瑞典的某些“激进派”学生觉得，支持高收入专业集团（包括大学教授）的罢工是合乎逻辑的，而某些自由主义的和社会民主主义的学生则反对这种罢工，因为，这些罢工者乃是一个高收入的集团，按照这些人所持的平等原则，这个高收入集团的人应该不加工资。

因此，正如这些事例所说明的，对分配问题的一贯的马克思主义的态度往往会在收入分配问题上导致相当狭隘的观点，而去支持各种工资的增加不考虑某些集团的收入实际上已有多高。从合乎逻辑的观点来看，如果把人力资本包括在总资本的概念之中，这个问题也许能够得到“解决”；然而，这就必须承认，关于资本的控制、报酬和享受的一切问题都不能通过物质资本和金融资本的国有化来解决。

马克思主义理论的一个传统的问题是如何使工人贫困化的理论和有事实根据的资料相一致。马克思主义者在十九世纪末特别提到，宣告工人的收入随着时间的进展而绝对减少的理论，是同实际的证据不相符合的，事实表明，在工业化的过程中，工人的生活水平是始终不断地有所提高的。因此，有人提出了一种新的理论，说工人的生活水平并不是从绝对的意义上讲一直在下降，而是同资本家的生活水平相对而言一直在下降——剥削相对增长的理论。但是，在本世纪的进程中，事情已变得相当清楚，可以得到的统计资料也并不支持这一理论，因为在所研究的大多数发达国家中，利润和工资在国民收入中所占的份额在长时期内似乎一直是相当稳定的；事实上，在某些情况下，特别是在第二次世界大战以后，人们已经看到工资所占份额有上升的趋势。

巴兰和斯威齐近来进行了一次新的尝试，企图使剥削增长的概念同现有的实际资料一致起来，这是在新左派文献中经常谈论到的一种尝试。巴兰和斯威齐谈到的不是利润，而是“剩余”，剩余不仅包括利润、租金和利息，而且也包括不是从利润中筹措来的那

部分私人投资，再加上一切公共的消费和投资（包括作战国家和福利国家）以及所谓“不必要的消费”。因此，尽管“剩余”这一概念听起来同马克思的“剩余价值”颇为相似，但它在范围上要广泛得多，在性质上也有较大的差异。

分析起来，可以把剩余规定为用可以得到的资源（从而利用了全部生产能力）生产出来的最大限度的国民生产总值和“必要消费”之间的差额。据说，这种剩余（显然意味着主要是衡量“浪费”和“剥削”的一种尺度）1963 年在美国为国民生产总值的 56.1%，而且长时期内一直在上升（当然，国民收入中用于公共消费和投资的部分近几十年来在大多数国家中都一直在不断地增长）。福利国家的许多拥护者无疑会惊奇地发现，公立学校、医院以及福利国家的其他要素，都被连同“浪费”和“剥削”包括在这种剩余之中。即使巴兰和斯威齐可能并不反对资本主义社会中的福利安排，把这些活动包括在“剩余”之中，也并不是同马克思主义的国家学说不一致的，因为，按照这一学说，这种设施只不过是资本家剥削工人的一种工具而已。同样，把公共部门中行政管理人员的活动看作资源的一种非生产性浪费，是完全符合马克思主义的理论的，因为，这种劳动，引用巴兰的话来说，“当社会主义社会向共产主义前进时，必然会逐渐消失的”（虽然事实上在这样一种社会里，资源绝不会通过市场来分配）。[①] 有些人还会觉得，究竟什么是“必要的”消费和什么是“不必要的”消费——特别对于其他人来说——是难以决定的事。

① 巴兰，第 33 页。

另一个困难问题——对于新左派来说，这是个一般的难题而不是特殊的难题——是要求分散同要求平等有时会发生冲突。广泛的分散，例如集体交易和公共事务管理方面的分散，容易导致各地区之间、甚至各职业之间生活水平上的重大差别。某些国家的集体交易的集中化以及试图由中央政府来影响和资助地方政府，大部分可以看作是试图拉平各不同行业和不同地区的生活水平和公用事业服务的质量。

当马克思主义的剥削理论被新左派应用到欠发达国家的问题上来时，也出现了一些问题。新左派显示出他们非常了解同欠发达国家中的私人投资有关的一些问题，诸如投资者所得的“过分”多的利润，大公司往小国家中的政治势力以及帝国主义和新殖民主义的各个方面的问题。我想，新左派仅仅是由于多疑而对欠发达国家中的外国投资所引起的一些问题，比其他许多派别看得更清楚一些。但是，马克思主义的理论对于分析这些问题几乎是不必要的，而且这种理论确实还引起许多不必要的问题。例如，新左派对于在私人投资能获得高额利润的欠发达国家中进行投资的批评趋于特别严格，仿佛对欠发达国家来说，低效率公司所进行的、不能获得利润（或者甚至遭到亏损）的投资比起在经过精心挑选的工程和妥善经营的业务（可是能带来高额利润）中进行的投资更为有利。实际上，在许多场合，利润高是一种迹象，说明某个工程项目是适合于某个国家的，同时这个公司也是管理得好的。我们不去抱怨一切得到好报酬的投资，而是力求在制度方面取得较好的条件——例如竞争和国际上组织的咨询机构——以帮助贫穷国家为自己保留尽可能多的利润，并对各公司的业务逐步地取得较多的国内控制权，可能是更有建设性意义的。再者，利润似乎被视为一种转移的付款而不是衡量效率的标准和刺激效率的因素。在新左派的文献中，市场交易似乎常常被看作“得失相销的游戏”（“zero-sum games”）：交易双方一方之所得被设想为另一方之所失，这同“比较利益”的经济理论恰成鲜明的对照。

这种剥削理论所引起的问题还有另一个实例，就是断言当富裕国家从欠发达国家购买产品时，特别是如果这些产品是由廉价劳动力生产出来的话，欠发达国家就受到了剥削。首先，应用这一理论就难以避免得出这样一个结论，即剥削实际上是由我们富裕国家中的所有的人（包括资本家和工资获得者）干的——这个结论对马克思主义剥削理论的拥护者来说是一个扰乱人心的结论。其次，说我们停止从欠发达国家进口物品就能避免对这些国家进行剥削，这样的结论也是扰乱人心的，特别是因为新左派常常严厉地批评对欠发达国家的出口实行限额和征税，说这样做使这些国家的出口潜力遭到了破坏。

一个关心这些问题的非马克思主义者，似乎有一种理智上比较宽大的看法。他能为赞成下列措施而进行“简单”的论证：取消对欠发达国家出口物资的关税和限额；创立一种国际间的税收和转让制度以实现一种从富国到穷国的收入再分配（采用已经在某些富国内试行过的同样的方法）；采取步骤以保证从对欠发达国家的投资中所获得的利润尽可能多地留存在这些国家内——这一切可以通过订立较有利于未来利润分配的合同和通过制定法律来减少受制于私人公司或外国政府的危险（这种危险不限于私人投资）。

竞　　争

在新左派的文献中，对于竞争——包括各公司间的和个人之间的竞争——有许多批评。反对竞争的论点看来基本上是属于道德方面的：竞争同合作相比被认为是不道德的。一个可供选择的社会被想象为这样一种社会，在其间，人们在合作与和谐中解决共同的问题，解除了竞争性社会的激烈竞争所引起的那种紧张状态。当然，这是共产主义者和许多宗教运动的陈旧的空想。竞争也被指责为混乱的、不协调的和无效率的，并且很可能造成一种同个人的需要不相符合的生产结构。有时，公司之间的竞争据说在今天无论如何已失去了它的重要性，因而是不值得支持的。

相反，马克思对资本主义竞争的成就曾经作过十分热情的描绘："资产阶级第一次证明了，人的活动能够取得什么样的成就。它创造了远远地胜过埃及金字塔、罗马水道和哥特式教堂的奇迹……资产阶级在它不到一百年的阶级统治中所创造的生产力，比过去一切世代创造的全部生产力还要多，还要大。"[①]

看来，当前新马克思主义者和新左派通常把注意力集中在资本主义社会中竞争的消极方面：竞争中的各公司所作出的不协调的投资决策据说能引起剧烈的商业循环；根据个人利益所选择的投资据说对整个经济不能产生(最大的)总体利益；竞争则被认为

① 参见：马克思和恩格斯：《共产党宣言》，《马克思恩格斯选集》第1卷，第254、256页。(译文稍有差异——译者)

能导致卑劣的道德和文化等等。[①] 在社会主义或共产主义社会里，竞争显然被看作是既不可取也非必要的东西。因此，像曼德尔、戈兹、巴兰和斯威齐这样的新左派权威，似乎同意恩格斯所说的："换言之，它〔共产主义〕将消灭竞争，而代之以联合。"[②]

对于这一切，一个经济学家能说什么呢？当然，我们有一种关于分配和经济福利的静态理论，按照这一理论，在某种理想的条件下，资源的最优分配就会出现在一个偏好和技术被视为既定的、完全竞争的经济中。还有一种多周期的分配理论，它分析了投资决策的市场解决办法的各种局限性。然而，大多数有事实根据的研究并没有表明，由于垄断公司生产经营低于最优水平（市场结构是既定的）而丧失的静态效率在今日的资本主义经济中是很大的——可能占国民生产总值的1%；当然，应该加上"不必要的"推销活动和模式变化这种形式的浪费。[③] 通过改变公司的结构来更充分地开发利用由于规模大而得到的收益，大多数资本主义国家也是完全可能获得额外的经济利益的（虽然在美国很难办到）。

我想，这一静态的分配理论之所以有用，主要是作为了解和确定"最优状态"的含义的一种方法，以及用来说明相对价格（同机会成本相比）的极大歪曲——事实上，比今天最发达的资本主义经济中除农业、公共货物和环境而外似乎盛行的更大的歪曲——如何

① 例如，参见：曼德尔，第2卷，第617页；戈兹，第81页。

② 弗里德里希·恩格斯：《共产主义原理》，保罗·斯威齐译，《每月评论》小丛书，1963年版。（另见：《马克思恩格斯选集》第1卷，第217页。）

③ 例如，参见：哈维·利贝斯坦：《分配效率与X-效率》，《美国经济评论》述1966年6月号；以及阿诺德·哈伯格、爱德华·丹尼森等人的研究。

能给经济带来极高的成本。然而，从事于分配分析和工业组织工作的大多数应用经济学家大概会争论说，为竞争进行的辩论更为有力——至少在少数公司中进行的某种竞争（不管是完全的、寡头的还是垄断的竞争）能为节约资源方面的革新、为产品的发展和一般的成本降低创造刺激。这意味着，重要的事情可能并不是究竟有没有完全的竞争——对个别公司不能影响价格——而是究竟存不存在某种类型的竞争（欺骗、掠夺性削价等除外），从而刺激效率、革新和使生产适合于消费者的偏好。[①] 我个人完全相信，这就是竞争的重要方面。例如，我对于各公司内部的常规，在某种竞争形势的逼迫下，是如何突然地改变的（这种改变起初被认为是不可能的），留有十分深刻的印象。

大多数经济学家大概都能提供一些公司因竞争压力增加而提高了效率的大量事例。这样的压力——尤其是在小国里——往往被认为是来自国际间的竞争，而不是来自国内其他公司，特别是来自国内极少数公司中因规模巨大而已赢得大量利润的那些部门。对微观经济事例所作的许多有系统的研究也反映出，在利润高的情况下，公司是如何允许单位产品成本提高的；在利润缩减的情况下，生产率的增长是如何加速的。[②] 我还相信——虽然可能难以使人信服地证明——在像美国和瑞典这样的国家中，相对竞争的情况一直是这两国的工业部门中促进高效率并使效率不断提高的

① 例如，见：乔·斯·贝恩：《工业组织》，第二版（纽约：约翰·威利或森斯，1968年版）第10—11章。

② 例如，见：利贝斯坦。

一个非常积极的因素;这两国同坚持采取较多保护(贸易)主义色彩的和垄断的做法的诸如英国、法国(尤其是过去的法国)、第二次世界大战后的捷克斯洛伐克,可能还有像印度和许多拉丁美洲国家这样一些欠发达的国家形成了对照。

概括起来说,从经济效率的角度来看,竞争具有双重作用:(1)由于竞争,使得生产要素和商品的价格降低到反映生产成本("机会成本")的水平;(2)由于竞争,迫使公司对市场信号作出反应。还应该强调的是(尽管这是不言而喻的),只要计划主要依靠市场制度内的经济刺激,像目前西欧出现的"指示性计划"那样,在竞争和经济计划之间原则上就没有不可避免的冲突。

要确凿地判定近几十年来竞争是减弱了还是增强了,那是困难的。许多国家工业内部的集中化趋势常常被看作竞争已经减弱的一个标志。但是人们常常忽略了,还有非常强大的力量在另一个方向起作用。运输费用的下降使得原先地区性的和全国性的垄断面临着全国性的和国际性的竞争。一个国家中的一个公司在今天国际市场上的处境,要比五十年前五个或十个全国性公司的处境更有竞争性。贸易限制的逐步减少和共同市场的建立,循着同一方向起了作用。第三个因素是同现有产品不相上下的替代品的大量发展,一些替代品在许多场合决定性地增加了公司间的竞争。一个典型的和最好的例子就是过去垄断性的铁道,现在它不但同汽车和航空运输而且还同电话、电报并日益同电视发生激烈的竞争。类似的例子充斥于各个领域,特别是已经引进了像塑料、人造纤维这样的新材料的领域。

当然,这些观察后发表的意见同众所周知的个别公司想尽量避免竞争的企图并不冲突。亚当·斯密曾强调指出各个公司勾结起来反对消费者利益的倾向,并推断出一个竞争性的经济可能要求强大的政府干预来打破垄断、卡特尔和公司间类似形式的勾结。企业家们往往是在一切领域(除了他们自己的领域以外)进行竞争的强有力的鼓吹者。

这些论点对于那些主要出之于道德的理由而拒绝公司间竞争的人来说当然不是很重要的,对于新左派中那些已经认为现今的消费水平太高的人来说则甚至更没有留下什么深刻的印象。经济学家,或者研究这个问题的其他社会科学家,很少谈到作为一种生活方式的竞争与合作,即很少论及其对个人的心理的影响和身体的影响。个人间的竞争,而不是公司间的竞争,无论对于在竞争中干得坏的人还是干得好的人来说,总不会不付出人力的代价。例如,近年来许多国家(像斯堪的纳维亚的国家)愈来愈关心同加速的结构变化有关的人力调整问题,而结构变化本身又是同国际间竞争的加强紧密相联的。然而,个人间的竞争大概不仅在具有竞争着的公司的经济制度中而且在行政等级制度中以及政党内部的个人之间,都盛行着。指出这一点也是饶有兴趣的,就是如果人们在闲暇时间内能够任其所好去行动时,他们大多数会去从事竞争性的游戏,诸如运动会或社会性游戏。

然而,一个没有竞争或只有最低限度竞争的社会,除了可能出现效率低和产品与服务质量差的情况外,在人们的关系上也必然会遇到某些严重的问题。例如,我们很难找到能力以外的标准(能力标准事实上就意味着竞争)来把人力分配到各种工作岗位上去,如果我们不采用抽签碰运气、由上级任意命令和各种裙带关系之

类的办法——这些现象会使许多人感到灰心丧气。一个社会内的阶级界线撤除得愈彻底，从而这个社会愈是“开放”，那么，个人之间为不同的工作岗位而开展的竞争所起的作用也就愈大。在一个每个人都依靠世袭或传统来获得其职位的社会中，为不同工作而进行的竞争只能指望是相当小的。相反，一个“没有阶级的社会”，没有以种族或家庭背景为依据的差别待遇，才能指望有彻底的竞争。

“发达”的意义

前面所讨论的重要问题中有许多问题——市场、所有制、经济刺激、竞争和中央集权——也是老左派所关注的中心。新左派的一个比较独到的见解是他们相信，现今的西方资本主义社会（特别是美国）是过度发达的，而且普通公民的消费水平已经太高。看来，这种信念大概更能代表比鼓励了他们的（年岁稍长的）往往是马克思主义者的作家们更左的那部分学生的特色。

“过度消费”这个概念似乎有两种完全不同的说法。一种说法是：“从整个社会的观点来看，额外的（私人）消费是没有效用的，甚至是没有效用的一种根源；因而，消费的边际效用实际上可以说是零甚至是负数，虽然人们尚未为他们自己发现这一点。”这一思想常被用这样的说法表述出来：“废物多总比废物少来得好的说法是不正确的。”或者说：“生产资料稀缺的时代是过去了。”

在这一点上，新左派显然大大地背离了老左派。原因之一大概是老左派基本上是一种工人运动，而新左派显然主要是一种学生运动。看来，这种思想在那些还在上学的、出身于中等收入和高收入家庭的子女中是比较自然的，对他们来说，养家活口的经济问题尚未成为现实。我认为，下面的事例是有启发性的，虽然1968年五月法国的学生反抗在某种程度上是对“消费社会”的一种抗议，但当时它得到了工人们的继起支援，因此以提高工资13%宣告结束，以便让占人口多数的挣工资的人有较高的私人消费。

对于新左派中那些强调（额外的）消费是无关紧要的人来说，可能还有一个前后一致的问题：如果（额外的）消费是如此的无关紧要，那么，收入和消费的平等又为什么是如此重要呢？

可是，还有第二种有关“过度消费”理论的说法。这是这样一种思想，即认为，私人消费本身并不太高，但同公共消费、同自然环境和人工环境的质量比起来是高了。因此，不把私人消费的边际效用设想为零——而仅仅是小于公共消费和环境享受的边际效用。让我们把这一理论叫做“相对的”过度消费理论。这是这样一种思想：认为通过政治过程还不能达到最优的分配，即不能达到同社会中私人消费、公共消费和环境质量之间的占支配地位的偏好相一致的状态。据说，由于商品产量和私人消费水平的集中程度太高，以及随之而来的对生产和消费的外部因素的忽视，“生活的质量”被牺牲了[①]。

有时这些论断走得非常远。在那些鼓舞新左派的人当中，有些人要求把公共消费变成消费的“正常”方式。利奥·休伯南和保

① 约翰·肯尼思·加尔布雷思在《丰裕社会》（波士顿：霍顿·米弗林，1958年版）一书中同时包含了过度消费理论的这两种说法，虽然没有对两者加以区别。

罗·斯威齐曾经宣称:“我们必须建立这样一种制度,在其中,公共服务应成为正常的、实际上是必要的生活方式,而不是少数(唐)吉诃德式的利他主义者那种脱离常态的生活方式。”[①]人们常常说:如果削减私人消费中的“奢侈和浪费”,就有可能在公共消费中取得显著的成绩。或者,如同曼德尔所详细阐述的:“消除奢侈和浪费或显然有害的支出方式,其本身就足以使西方国家中有用的公共消费,即用于教育、保健、公共运输、保护自然资源等方面的特殊开支,增加一倍”[②]。鉴于这些国家中公共消费通常占国民生产总值的10%—20%,而私人消费约占55%—65%,私人消费中的一个相当大的部分必然是由“奢侈和浪费”组成的(如果不准备从防务开支中拿走资源的话,这种开支占国民生产总值的1%—10%不等)。

显然,为了论证应该把较多的资源用于公共消费和改进总的环境而假定私人消费的边际效用是零或负数,或甚至假定它是低的,都是没有必要的。而且,对当今发达经济中“过度消费”的指责往往只不过是以隐喻的方式来说各国国内和富国与穷国之间的收入分配是不公平的而已。某些新左派的拥护者似乎也相信,过度消费和过度发达的观念“正在脱离开”他们运动的学说,而反倒应该更加强调的是贫困(欠发达国家中的贫困和发达国家中少数集团的贫困)。

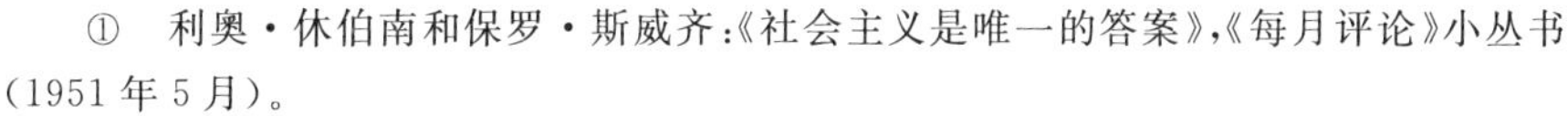

① 利奥·休伯南和保罗·斯威齐:《社会主义是唯一的答案》,《每月评论》小丛书(1951年5月)。

② 曼德尔,第2卷,第616页。

有时，关于过度消费的论断扩大到一种指责，即认为今天的资本主义社会在某种意义上是"过度发达"的，这种论点特别在美国的讨论中经常听到。某些新左派集团企图选择"自愿的贫困"（通常是在一定的时期内，并随时都有可能再次返回丰裕社会），可以说是这种有点儿卢梭式的思想的一个象征。

对于美国现今的社会，如果我们要对其某些方面表示个人的厌恶时，我们宁愿称之为过度发达的社会还是称之为欠发达的社会，这在某种程度上可能是一个语义的问题。不过，就我个人的偏好来说，是反对称之为过度发达的社会的。我倒是认为，美国的社会具有许多欠发达国家所特有的特征，事实上比某些其他高收入国家多得多。要评价这一点，就应该指出，近年来已经愈来愈普遍地把"发达"看作一个多方面的（multidimensional）概念，即除了按每人平均计算的高收入和主要商品生产部门的先进技术而外，还包括其他方面。如果仅按这两个方面来给发达下定义，那科威特和美国就会是世界上两个最发达的国家。如果从更多的方面对发达下定义，我们可能就要考虑这样一些因素：(1)不平等的存在（例如，大量的贫困和教育不足）使一个国家成为"双重的"社会；(2)某些有特权的少数人所掌握的不相称的政治权力，同社会地位低下的少数集团所受的不公平待遇相并存；(3)缺乏安全保障——既缺乏在街道上的"基本的"人身安全保障，又缺乏如遇疾病或其他个人不幸时的社会安全保障；(4)学校、交通和娱乐设备之类的公共服务的质量方面的缺点；(5)在城市毁损和污染方面所显露出来的一般环境的质量方面的缺陷；以及(6)动辄把现代技术用于能提高国家声望，而不是能改善人们的生活条件的项目的倾向——在所

有这些方面据说许多所谓欠发达国家都深受痛苦。根据发达这个词的这种更广泛的、多方面的定义，看来不能无需证明就把美国看作是一个“过度发达的”国家，或者甚至是一个高度发达的国家。如果我们还要求一个高度发达的国家有一种“成熟的”对外政策——就按照非武断的方式、对事实和其他民族的自决权予以应有的尊重来处理同外部世界的关系这一意义上来说——也就是说，如果我们要求一个高度发达的国家不仅具有处理国内的而且具有处理外部世界的“人的关系”问题的能力，那么，要说美国具有欠发达国家的许多迹象，就得进一步详细说明其理论根据。

根据这种考虑，我感到难以赞同某些新左派文献常常表示的认为美国是一个“过度发达的”国家的这种信念（或措辞）。即使我们能够比较恰如其分地说美国同所谓欠发达国家有许多相似之处，但是说明美国特点的最清楚、最简单的方法似乎是指出其收入和权力的分配上以及资源分配上的特点。但是，也很明显，正是这些特点近年来在美国自己国内遭受到了愈来愈强烈的批评，同时美国社会也有发生重大变化的越来越大的可能性。就我个人来说，如果见解上的这些激动人心的变化（特别在较年轻的一代中），对于美国这样一个自由而开放的社会的政策和制度不产生巨大的影响，那倒是令人惊奇的。

三、新左派经济学向何处去？

以上的分析应已说明了我们开头说的关于新左派运动的不纯一性。它的思想涉及到一系列形形色色的政治思想中的很大一部分，从最个人主义的到最集体主义的，从主张分散的到主张集中的各种见解都有。这种不纯一性部分地反映了许多具有非常不同的见解的人被漫不经心地划为“新左派分子”，也部分地反映了个别人往往同时持有几种从逻辑观点看来很难调和的思想。当然，重大的不纯一性无疑也可以被展示出来说明其他运动的特色。因此，在“保守的”政论作家当中，我们既看到了老的“反自由主义的”欧洲保守传统的拥护者——他们强调国家权威和官僚主义的稳定性——也看到自由放任主义传统的拥护者。而在民主社会的支持者当中，我们既看到强烈赞同混合经济和福利国家的“社会自由主义者”，也看到国家控制和国家所有制的信徒。

新左派思想灵感的主要源泉，显然是深受马克思主义思想影响的老左派的传统，虽然我们在新左派文献中看到的各种见解中有许多也与加尔布雷思的《新工业国家》一书中的见解极其相似——如过度的消费和消费者偏好的人为性质；强调外部因素和生活质量；未能为资源的分配和决策的协调提出一条途径；关于私人公司和现代国家之间一种正在出现的相依共存现象的观念；强

调知识分子在生产过程中增长了的重要性;以及教育制度在很大程度上应服从于中央公共管理机关和大公司的利益的思想。新左派背离老左派的马克思主义传统最突出的地方就在于它同情分散和厌恶官僚主义(无论是整个社会中的还是各种机构中的);还有,在于它对生活质量而不对产品数量感兴趣,在于在部分运动中有“反消费”的倾向,在于它对强调学生和知识分子作为革命先驱者的作用;最后,也许还在于它在经济刺激(及消费)问题上表现出高度清教徒式的道德而在其他伦理问题上又往往持有非清教徒式的见解。

然而,我认为,这种说法是稳当的,即近几年来(例如1965—1970年间)在新左派中马克思主义的影响已有所增长。这甚至对于美国似乎也适用,虽然在美国,无论在新左派中还是在整个社会中,马克思主义的传统显然较欧洲为薄弱。如果这种趋势持续下去,革命的老左派与新左派之间在思想上的差距可能大大缩小。实际上,新左派的许多思想上的鼓舞者正在(或已经)与老左派中的革命部分(特别是共产党)密切地联系在一起。这种情况不仅对于像毛泽东、切·格瓦拉、胡志明和菲德尔·卡斯特罗这样的“英雄”是适用的,而且对于像路易斯·奥尔瑟塞、亨利·利菲弗、欧内斯特·曼德尔和保罗·巴兰这样的作家也同样是适合的。而且,共产主义运动的基本特征——提倡革命和阶级斗争,正与社会民主主义者所爱好的“阶级调和”形成对照——显然也是大部分新左派的显著特征。

然而,新、老左派之间的某些区别预计还会存在下去,特别是与下列“战后”时期世界新形势有关的那些差别:遍及整个“第三世

界"革命运动的出现;像中国和古巴那样新的共产主义国家的建立,它们不像接受第一个社会主义国家苏联的早先被公认的领导能力;南斯拉夫修正主义的兴起,以及东欧各国对分散化、市场制度和依赖利润动机和经济刺激的新的要求,苏联之受到其权力所不能及的共产主义革命派如切·格瓦拉和毛泽东的批判;中苏分裂;一种刻板的官僚主义制度在苏联的巩固;苏美统治下的持久和平的趋势;以及以广泛就业机会、普遍富裕,和一种福利国家而不是失业和群众性贫困为特征的资本主义社会的出现。

所有这些事变使得人们难于建立类似在两次世界大战之间的时期中出现的那种统一的共产主义运动。由于这个原因,预计将来新左派也会比老共产主义左派不纯一得多,似乎是现实的。

新左派的拥护者按其所强调的信念和思想的某一特殊方面,将分属于若干相当不同的政治派别。对此作一概略的分类有助于阐明问题。

无政府主义　如果人们强调拒不接受有组织的权威,那显然就选择了无政府主义的解决方案,像各激进的学生领袖(如科恩—本迪特)所做的那样。无政府主义的主张在艺术界大概最有用,在那里,世界上的经济问题都是用象征性的行动"解决"的,例如舞台剧中在舞台上焚烧货币。一旦我们讨论的并不是鲁宾逊—克鲁索式的孤立的域外的那些经济社会,由于明显的原因,我们就很难设想一种无政府主义的经济组织。(顺便说一句,鲁宾逊式社会的经济理论,在旧经济学教科书中已被发展成为一种教学手段。)

自由放任主义　如果把市场制度加入无政府主义的模型,

我们就处于自由放任经济学的境界。对这样一种经济来说,无疑存在着一种非常完善的经济理论。这种主张的实际后果可能是要求废除政府的管制;对现有的公司再加以划分以增进竞争;大幅度地缩减经济政策的宏伟目标和福利国家的活动。按新左派对自由放任主义的看法,我们大概可以这样设想:各个公司是在某种合作社的基础上(一种生产者合作社制度或集体资本主义制度)被占有和经营的,也可能是在另一种公共所有制和公共管理的基础上被占有和经营的。

我不认为如果庞大的美国公司再细分,譬如说,五次甚至十次,与来自公司规模的收益相联系的经济效率方面的损失就会非常显著。平均成本曲线在长的间隔期内似乎是相当平坦的,规模比较小的公司(从国际的角度来说),如瑞典的制造业公司的经验,并没有说明,公司的规模必须与美国公司的规模几乎一样大才能取得高效率,特别是因为竞争本身的加强就可能提高效率。

对于小国来说,将现有公司划分成若干独立的单位而在效率方面没有大量的损失,这种可能性当然就更加有限。实际上,在一些小的欧洲国家中,由于将许多公司合并成少数大公司,某些原材料加工工业部门(如纸浆、造纸、钢铁)似乎都能得到巨额来自规模的收益。对这些国家来说,必须通过自由贸易和共同市场才能实现竞争和减少大公司在市场上的势力。

在我看来,反对自由放任解决方案的重要意见,就是我们因此必须承认众所周知的“市场的失灵”,如经济的不稳定性、收入的不均等分配;人们不会自动地去留心的外部影响;私人保险制度无法消除的各种类型的个人不安全。如果公共当局的活动大加削减,那么，也有可能集体消费会得不到很好的照顾。

自由—社会民主主义的解决方案　如果公共当局急于要同“市场失灵”（如不稳定、不平衡、外部因素、集体消费的不足）作斗争，我们就会被卷入自由—社会民主主义的福利国家，连同稳定化政策、再分配政策、为运用外部影响而进行的干预、反垄断政策、提供集体劳务的强有力的措施等等，在实行这种解决方案的过程中，也许可以利用某些公共事业来增进竞争，调节天然垄断，解决财富的再分配，以及扩大议会控制经济的范围。经济计划的宏伟目标，为取得均等而耗费的力量，可能还有国有化的程度，都可以用来区分福利国家是属于自由主义版本的还是属于社会民主主义版本的。

事实上，美国学生争取民主社会组织运动的第一个政治纲领（1962 年休轮港声明），最能表示自由—社会民主主义纲领的特色。直到最近这个运动才朝着马克思主义、共产主义、无政府主义、托洛茨基主义和毛主义的方向发展，新左派中的其他派别一直是对带有“混合经济”味道的自由—社会民主主义的福利国家十分不满的。

市场社会主义　如果社会民主主义的福利国家真正实行了国有化，因而公有部分在经济中占了支配地位，我们就到了市场社会主义的世界。某些东欧国家可能正逐渐向这个方向移动，尽管它们仍然没有自由—社会民主主义模型所特有的那种民主制度。市场社会主义模型的特征，除所有制结构（可能还有政治体制）外，与自由—社会民主主义模型的特征有相似之处。这种模型的显著特征是资本及资本收入分配的不均等就物质资本或金融资本来说,可以达到最低限度。但是,我们已经看到,这种模型的某些问题,如权力分配,各个别公司选择目标,以及对已处于最高权力地位以外的人们的新的积极性的刺激等等,不容易得到解决。总之,在新左派文献里,市场社会主义模型似乎没有引起广泛的兴趣,可能也没有得到广泛的同情。

集体所有制的非市场制度　许多新左派的拥护者由于厌恶市场、竞争和经济刺激,似乎不愿意接受上述任何一种模型。尽管他们当中有许多人也厌恶官僚主义,但他们不得不接受政府经营的经济制度;这种制度为了使决策达到相互一致,必须由中央当局进行协调。于是我们又接近了传统的苏联模型,新左派运动中似乎有些人,与巴兰和斯威齐一起,提倡这种模型,尽管他们都反对苏联官僚主义的某些特征,但往往认识不到官僚主义就是这种模型的一个必要部分。

新左派虽然批判了苏维埃专政,并要求更民主的制度,但我们还不能说它是典型地赞成将社会转变成为民主和议会形式的社会。相反,许多新左派文献强调需要通过非议会的方法采取革命行动。在没有具体提出的时间内,实行“无产阶级专政”,以对工厂、大学和其他机关采取“直接的”革命行动,用物质的力量夺取政权,看来是大多数新左派意见的重要部分。在新左派运动中,大概还有一些主张采用民主方法的人,他们决心通过“投票”使社会转变成社会主义,但是,这种立场在新左派运动中似乎并没有代表性。

这里不宜于详细讨论不同类型的社会中武装革命的利弊。当然,十分可能,一种经济的、社会的、(从长远来看)可能也是民主的发展,有时通过武装暴动(用不那么浪漫主义色彩的术语来说,就是通过"内战")而得到加快。事实上,这种方法在某种情况下可能是唯一的可以想象的方法(在可预见到的将来)。但是,还存在一个问题,即在革命期间和紧接革命之后人类所遭受的苦难(这是无法预知的),不可能从暴动所取得的收获中全部得到补偿。我个人对这件事也总是感到惊讶,即同一个人,他既反对国与国之间的冲突应该用军事力量来解决这种主张,却往往,也许甚至没有什么保留地把武装力量看作是解决各国内部问题和冲突的一种必要而合适的方法。内战不如国与国之间的战争那样残酷的例证看来并不多。那些怀疑内战有这种有利条件的人——我对他们深表同情——也能指出这种风险,即通过残酷的竞争选择政治领导人也许并不是很"好"的。作为这种选择过程的结果而出现的领导者,岂不是往往既是极权主义者又是残酷的人吗?革命事实上只意味着由一个压迫者代替另一个压迫者这样一种可能性,并不缺乏历史的例证。

因此,在新左派的思想体系中,我们可以发现非常不同的政治"派别"或政党,看它所强调的是新左派各个论点中的哪一个具体的方面而定,例如对权威的批判,不接受市场制度,同情分散或同情中央计划,意识到自由放任模型中的市场失灵,不同意以民主的准则去改革社会。实际上,新左派是在各种各样社会经济思想和政治思想中占有一个重要部分的一种政治运动的一个实例。

一个社会科学家在新左派文献及其讨论中特别容易疏忽的一点,就是意识不到在解决任何一种社会经济制度下都会发生的那些问题时所遇到的巨大困难。在新左派当中有这样一种总的趋势,争辩说通过“革命”或“集体”所有制的途径,或者同时通过这两种途径,似乎就能“立刻”消除全部或大部分困难。所有严肃的学者都知道,各种实际问题是在革命以后才开始的,或者根据这种看法,如果不发生革命,这种问题又会怎样呢?但是,在新左派文献中很少——如果有一些的话——讨论到解决那些尤其使经济学家担忧的问题的方法,例如,如何使充分就业同价格的稳定及收支差额的均衡相协调,如何决定最优增长率从而决定当前消费与将来消费的最优结合,以及如何达到这种最优的方案;如何在收入的差别(这种差别对于刺激工作和刺激劳动力的分配都是必需的)同要求平等的愿望之间,设计出一种切实可行的折衷办法;政府是否应该干预刊登“劝诱性”的商品广告;要是那些公共的货物及劳务不通过市场进行供应的话,如何为它们确定需求曲线;公共部门的雇员应否有罢工的权利;我们可用来对付外部因素对环境的影响的各种法规同税收—补贴计划之间的最好结合是什么;在一个政府干预日益增加的社会里,如何防止权力大大地集中在由政治家和行政官员组成的小集团手中;在各经济部门中,竞争和计划的最好结合是什么:不同的市场形式对经济效率和革新过程有什么影响;在一个集体所有制的经济中,来自各方面的积极性和个人的自由是否能保持;多国公司的利弊如何;一个民族国家在社会政策和经济政策方面所作出的重大决策(例如对货币政策、环境破坏和对多国公司的课税等的决策),是否能真正有效地付诸实现等等。对于大多数这种困难而又重要的问题,新左派是十分沉默的,或仅仅发表一些肤浅的见解。

那么,新左派著作的优点是什么呢?也许我们可以说,新左派

的主要贡献是再一次提醒我们政治辩论中若干争论不休的问题——所有制问题，收入和权力的分配问题，外部因素问题，群众参加管理问题和社会通常的价值标准问题。这些问题，在战后期间，特别是在美国，有时在政治辩论中已有消失的趋势。这样，新左派可能已帮助人们提高了对政治辩论中的原则问题，意识形态问题以及也许还有社会责任感问题的兴趣——尽管新左派提出的许多问题往往看来比其答案更令人感兴趣。

四、附　录

答　辩①

阿萨·林德贝克

如何鉴定新左派经济学?

在讨论新左派的经济思想时,我们遇到的第一个明显的难题当然就是如何鉴定新左派经济学。我所著《新左派政治经济学》一书试图对这个问题提供的答案,也许要在介绍了我进行研究的整个背景之后才能得到最好的描述。

1968—1969年,在我逗留美国期间,我着手收集和阅读正在某些美国大学(主要是哥伦比亚大学和加利福尼亚大学伯克利分校)中流传的激进派政治文献。第二步是研读激进的大学生的文章所引用的或似乎受到启发的一些文章、期刊和书籍。这项追踪探索的工作把我直接引导到当代的马克思主义者和老一辈革命的社会主义者,如巴兰、斯威齐、曼德尔、贝特兰、戈兹、休伯曼、马格多夫、弗兰克等,以及如马克思、列宁、托洛茨基和格拉姆斯西等第

① 本文根据《经济学季刊》,1972年11月号,第665—683页的这篇文章重印。

一流的共产党人那里。由于新左派的大学文献中的思想和系统的阐述，显然都是从这些老一辈的马克思主义者或革命的社会主义者那里借来的，或至少是受到他们的启发的，我决定从这些激进的大学文献的启发者那里收集旁证和引文，而不援引撰写这类文献的、至今还不大出名的那些学生和新闻记者的文章。从西方其他国家激进的大学文献中选出的实例表明，这类文献和“相应的”美国文献一样，也可以追溯到同样的这一些作者。

保罗·斯威齐说：“关于会合的论点无疑是重要的，并为把‘老’左派这个具体集团看作新左派的代言人提供了似乎有理的根据”，因此，看来他是同意我的鉴定新左派思想的方法的。显然，海梅尔-罗斯福也是同意我的关于新左派思想的详细论述的。但是，作为对本书的一种批评，斯威齐也争辩说：“这里所涉及的实际上并不是一个如何划分老左派和新左派的问题，而是一个如何划分激进派和改良派的问题。”当然，我同意，激进派和改良派的争论对理解新左派的讨论是极为重要的，而且实际上，本书有很大一部分篇幅就放在激进派(革命派)与改良派对经济的和社会的变革的态度对比上。但是，我认为，斯威齐极力缩小将新、老左派分为两个集团的好处而犯了一个错误，因为把激进派与改良派区别开来是有益的，但并不一定会使新、老左派之间的差别变得不相干。在新左派的大量文献中有一些具体的特点，使它不同于许多较早期的革命著作：首先，许多新左派文献与大量老左派著作相比，其重点是不同的；第二，新左派著作中有某些新的想法并不能代表大多数老左派的著作。

例如新左派文献中被更多地强调的是异化的概念——这个思

想是青年时代的马克思及其黑格尔前辈们的特色。阶级斗争这个概念在新左派著作中也被扩大了，被用来指一个复杂的社会结构中各不同集团之间一般的权力竞争，在这种竞争中，关于收入（剩余价值）分配的斗争只是若干方面中的一个方面①。与许多老左派作者（例如列宁）相比，新左派文献另有一些典型的重点，即对分散化表示的相当强烈的偏好，以及对一个建立在生产合作社基础上的并具有一个非等级制和非官僚主义的决策结构的社会所抱的幻想。这些思想使人联想起马克思以前的社会主义者，诸如傅立叶、蒲鲁东和欧文。根据这种偏好，就不难理解，新左派与老左派不同，他们对苏联是严厉批判的。实际上，为了确定新、老左派之间的区别，一种稍稍过于简单的方法就是将它们对苏联的不同态度进行对比。（但是，新左派的许多鼓舞者，在赫鲁晓夫于1956年发表非斯大林化的演说以及随后企图反对匈牙利革命以前，不仅对约瑟夫·斯大林而且对苏联都表示热烈的拥护。）

新左派的另一个具体的特点是，赫伯特·马库塞、C. 赖特·米尔斯和约翰·肯尼思·加尔布雷思等非马克思主义者最近对现代“社团社会”提出的批评，使他们受到了深刻的影响。实例是：关于消费者偏好的操纵及其人为性质的思想；对外部因素及“生活质量”的强调；关于在私人公司和现代资本主义国家之间正在露头的一种相依共存现象的概念（这种关于“资本主义的最后阶段”的概

① 而且，巴兰—斯威齐的“剩余”与原先的马克思主义者的“剩余价值”是截然不同的东西。参见《新左派政治经济学》，纽约，哈珀-罗出版公司，1971年版，第73—74页。

念在一些老左派的著作中也可以找到);对知识分子作为社会改革家和革命者的作用及其在生产过程中日益增长的重要性的强调;关于教育制度主要应从属于中央行政机构与大公司二者的利益的思想。一部分新左派还有某些特点可能与一种丰裕的、高度组织化的社会在西方出现有关。这种情况既反映在对“过度消费”的关注中,也反映在对“大商业”、“大政府”和“大工会”的批判中。

这些新的特点中有许多可能与新左派是学生运动而非工人运动这一实际情况有关。因此,它的拥护者通常对劳动力市场或对扶养一个家庭这种实际问题缺乏经验。(事实上,海梅尔-罗斯福作过一次富有启发性的历史素描,表明一群出身于丰裕家庭的、富于空想的大学生,在过分乐观地试图通过正常的民主程序,按照他们自己的偏好,迅速地来改革社会而遭到挫败之后,为何终于采取了革命新左派的立场。)

根据这一类的观察资料(还能提供其他实例),我仍然认为,不仅把革命派和改良派区别开来,而且也把新、老左派区别开来是有益的。新左派思想包含着老左派思想体系中的一个组成部分,加上那些批判官僚主义社会(包括苏联和现代社团社会)的现代非马克思主义评论家所发展起来的思想的一个组成部分。然而,重要的事并不是我们决定把某些思想称为什么。只要对我们正在谈论什么思想这一点有一致的看法就可以了。关于后一点,斯威齐和海梅尔-罗斯福一样似乎基本上同意我的看法。

传统经济学的弱点就是马克思主义的力量所在吗?

斯威齐的文章和海梅尔-罗斯福的文章的主要论点是,学院经济学家和新左派分子感兴趣的问题是完全不同的。这种话有一定的道理。本书的要点之一就是指出,我们应该对同样的一些问题发生兴趣。这至少有两个原因:(1)我们都生活在同一个世界中;(2)每一种经济制度都得解决基本上相同的一些问题。

我在本书中试图说明的有两点,第一点是学院派经济学家对于新左派分子和马克思主义者特别感兴趣的一些重要的经济问题和社会问题论述得太少了;第二点是许多传统经济学理论仍然与新左派所要关心的和应该关心的许多问题密切相关。

海梅尔-罗斯福试图通过谈论存在着不同"范例"来为他们对传统经济学不感兴趣和不能正确评价进行辩护。据说传统经济理论是一种"闪光"(或"范例")。"它正向着错误的方向闪闪发光"。斯威齐甚至走得更远,他说传统经济学家和激进经济学家"看到的是两种完全不同的现实",这种差别据说使本书对于激进的(革命的)经济学家来说,变得就"像大多数新古典经济学那样不中肯和令人厌烦"。当斯威齐暗示,马克思主义不可能为"对激进的见解缺乏感情"的人们所理解时,实际上他是企图使他的思想不为局外人的批评所驳倒。看来斯威齐非常接近于这种观点,即马克思主义是非常微妙的,因此,不相信马克思主义的人就不可能理解它。

我不能接受这种基本上反对强调智力活动的见解。如果人们一致认为不同的社会科学家集团之间不可能进行知识交流，那么，这些集团就属于（不同的）神学院，而不属于大学的社会科学部门。现在，让我们看一下传统经济学家和新左派分子所论述的和未曾论述的一些问题。正如海梅尔-罗斯福所指出的，我在书中试图讨论学院经济学家所没有很好地加以分析过的一些问题：(1)收入及财富分配的各个动态方面，特别是它们在一段时间里的发展，以及它们与一个社会的整个立法、社会和文化结构的关系；(2)偏好的形成；(3)生活质量、诸如外部因素，工作条件和作出决策的各种方式；(4)经济和社会制度中巨大的质量上的变化；(5)经济因素和政治因素之间的相互作用。新左派对传统经济学家的批评，看来主要集中在这些领域。

很可能，经济学的学术传统——部分地遵循新古典学派开创者所创立的关于经济分析的边界的常规——应对比较忽视这些重要问题中的若干问题负一部分责任。但是，在这些领域中的若干领域内，科学方法和知识处于不发达状态，很可能还有另一个原因：这些方法和知识可能特别难于掌握，例如，相当发达的边际分析技术还不够充分，同时，许多问题在性质上都属于典型的边缘科学问题，这种情况往往会造成一些特殊的困难。

看来，事实是斯威齐和海梅尔-罗斯福根据这个相当合理的论断，即传统经济理论在处理若干这些问题方面并不是十分成功的，得出了两个主要的结论：传统的经济理论实际上丝毫没有谈到这些问题的重要内容；而马克思主义或新左派主义在这些问题上却给予我们许多教导。这些结论是否有充分根据呢？

当然，很可能，马克思及其继承者所发展的一些工具和见解，对这些问题中的某些问题是有影响的。例如，马克思主义强调工艺技术、经济和社会组织的各种形式和政治三者之间的相互关系，确实有助于分析社会、经济和政治制度的长期变化。事实上，许多非马克思主义的学者也是同样强调这一点的。用一个社会中不同结构之间的不协调，和各个阶级之间的竞争来解释各种社会经过一段时间之后的变革，确实也可能是令人感到很大的兴趣的。因此，马克思主义理论无疑地提出了某些有趣的、尽管是不完整的关于长期历史过程的假设。这个问题大多数新古典经济学家只稍稍加以论述，反而是许多其他非马克思主义的社会科学家确凿地对它做了论述。他们包括亚当·斯密、大卫·李嘉图、汤姆斯·马尔萨斯和约翰·斯图亚特·穆勒以至马克斯·韦伯、约瑟夫·熊彼得、弗里德里克·哈耶克、阿诺德·托因比和一些现代的历史学家和社会学家。我认为，马克思主义者应该更乐意地承认，他们关于长期历史过程的哲学的分析方法，只是许多分析方法中的一种，而要把这个领域里的各种不同的假设加以区别，那是十分困难的。

而且，如果我们看一看上述的经济学中五个被“忽视”的问题，我认为，近几年来在这些领域内所获得的许多成就，都是经济学家用一套比较传统的工具取得的。这种成就的一些实例是：利用人力资本投资理论，并考虑到家庭背景、教育和训练等因素来分析收入及财富分配的决定因素，以及这种分配随着时间的发展而起的变化；关于情报和边干边学的经济学；消费模式随着时间的发展而发展，其中包括偏好的变化；研究贫困、差别待遇和城市的衰落，并分析外部因素及其对“生活质量”的影响；经济制度中的集中化与分散化的含义，同时研究经济政策的“政治学”（经济因素和政治因

素之间的关系);对富国与穷国之间的经济关系进行实验研究,例如对于资本的活动和贸易,等等。

当然,我们还需要经过一个很长的过程,才能说我们透彻地理解这些问题了。但是,马克思主义者和新左派分子根据什么理由宣称他们已经回答或更好地理解了这些困难而又重要的问题呢?马克思主义经济学家是否能更好地解释,譬如说,为什么战后时期在许多高度发达的资本主义国家中,劳工收入的份额一直不断地上升?为什么各种行业之间的工资级差,在一些国家(如美国)中有增长趋势,而在另一些国家(如瑞典)中却趋向于稳定不变的状态?为什么某些少数派集团在一些国家中遭受歧视,而在另外一些国家中却享有特权?马克思主义者是否能对环境的变坏提供比外部因素理论所提供的更有力的解释,并出示改进的办法?马克思主义者是否已经解决,甚至处理了关于经济制度中的集中化与分散化的最适当的组合的问题?马克思主义者是否已发展了一些与市场体制不同的模型,以避免与高度发达的社会有关的集中化、官僚主义化和大规模的权力集中?他们是否能解释,消费模式为什么,以及如何,发生了正像它们在美国和苏联所发生的那种变化(无需至少部分地依赖新古典学派的工具,如收入和价格弹性,以及学习程序的理论)?在国际上的政治因素与经济因素之间的相互作用的领域内,譬如说帝国主义,马克思主义者对美国出现在越南和苏联出现在东欧的情况,是否真正做了令人信服的、明确的和有事实根据的解释呢?(我接受巴赫的批评,他说,我在书中过分忽视了帝国主义、殖民主义的问题。主要是意识到自己的无知,使我在这些问题上踌躇不前)或者,关于苏联和中国之间的冲突,新

左派是否已经给予我们特别完善的解释？诸如此类的问题可以无限制地列举下去。

就我所知，马克思主义的经济学家最多已对某些据说对解释这些现象很有用而又必需的概念，做了一般性的叙述。如果马克思主义经济学家对这类问题确有明确而有经验根据的答案，他们为什么在可能时不采用易于进行实践检验的形式提出来。在尚未证实马克思主义理论已对这些问题做了特别有力的解释之前，就断言马克思主义理论已有了答案，这未免有些浮夸。

泛泛谈论阶级斗争、权力的分配、需求通过生产活动而发展、资本家们的积累竞赛、资本—劳动关系、各种矛盾和辩证法，确实是不够的，除非这些概念已被具体化，并用来解释特定的、通过实践可以观察到的现象。在有某种迹象表明马克思主义理论有能力解释这些特殊问题或类似的问题以前，我认为必须假定我们大家对这些困难问题的许多方面，都是相当无知的。

因此，虽然海梅尔-罗斯福提出了一张传统经济理论所闭口不谈的问题的表（实际上，这张表是从我的研究中引申出来的），但不能证明，马克思主义概念将为理解这些论题打开大门。传统理论有严重的知识空白面，但是，这一实际情况并不能证明，要了解这些问题，就一定需要马克思主义（或印度教、法西斯主义、神秘主义、“托因比主义”）。仅仅提出大篇幅的马克思主义的一般术语，确实是不够的。

当然，这些见解并不否认，一些自称“激进经济学家”或“革命者”的青年经济学家，对经济研究，包括实验性的研究，正在作出或将会作出重要的贡献。但是，这种研究的许多方法，正如巴赫指出的，颇有传统的色彩。事实上，除了在选题方面可能带有某种倾向，对社会经济权力集团之间的竞争做了某些强调，以及有时喜欢对所作的分析加上一些个人的主观的评语（有时是借自马克思主义的行话的）以外，往往很难看出在这一研究中，究竟什么内容是激进的、马克思主义的，或革命的。

斯威齐和海梅尔-罗斯福似乎都认为偏好的形成和权力的分配这两个分析上的具体问题是特别重要的。我们如果稍微更仔细地考察一下这两个问题，也许是很有趣味的。

偏好的形成

当传统经济学家为了按现有的偏好（即可能受生产过程本身影响的偏好）来指导生产而研究和设计一些机制，例如市场制度时，他们只涉及一些表面问题，要论证这一点是十分简单的，虽然表面看来似乎很“深奥”。但是，如果能像激进的左派那样，保证创建一种按消费者和选民的“真正”的、不受操纵的“需要”来指导生产的制度，岂不美妙得多吗？

关于偏好的形成与重视现有偏好有什么好处的问题，当然是哲学上的一个老问题。但是，有一些显而易见的问题，我们应当问一问那些自己认为知道个人的真正需要，或知道如何查明这些真正需要的人。首先，应该由谁来决定什么是真正的需要，或值得重视的偏好？第二，企图满足生产过程本身所造成的那些偏好的劲头有什么不对呢？例如，实际上，从贝多芬直到“披头士”* 所有的文化和艺术产品显然都是那些其需求系由其供给所“创造”的产品。如果我们创造了一种制度，在这种制度下，生产艺术品和普通消费品的生产者，如不首先向某些政治决策者提出请求，是不准影响人们的偏好的，或者创造了另一种制度，在这种制度下现有的偏好是不受重视的，那么，人们是否会觉得更幸福呢？

一个社会里的政治家和行政官吏拒不重视现有的消费者偏好，这实际上会不会造成一个由领导者决定人民应该消费什么物品的、相当极权主义的社会呢？事实上，认为现有的消费者偏好是不值得重视的这种论点，是与下列标准的极权主义观点（法西斯主义的和共产主义的观点）非常相似的：即认为人们不了解他们自己的利益，因为，在“其他的”环境下，他们希望取得的，并不是他们目前所需求的东西，而是身居高位的领导阶层仁慈地希望给予他们的东西。

当然，正是出于这种考虑，传统的自由主义经济学家感到想出一些使人重视现有的消费者偏好的方法是大有好处的。由于同样的原因，民主政治的拥护者感到值得为重视现有的政治偏好而设计一些方法（普选），虽然这些偏好也并不是“人类本性的流露”①；相反，却是受整个社会的历史发展和目前结构的影响的，包括各个政党和压力集团（包括新、老左派）的宣传和广告。

许多人之所以认为，在产品和政党这两方面承认现有的偏好

---

* 一译“甲壳虫”，英国的一个爵士乐队名称，其成员都蓄长发，穿怪衣。——译者

① 引自斯威齐的话。

是值得的，甚至是重要的，当然并不是因为偏好被假定为是外因造成的（它是一种“人类本性的流露”），而是因为重视个人的选择能减少出现极权主义社会的危险。

这种重实效的分析问题的方法，当然，并不能解决任何哲学问题，这些哲学问题涉及偏好的性质或我们在满足本身受整个社会结构影响的偏好时，“真正”做了些什么：但是，我相信，这种方法为重视现有的偏好提供了多数人所能接受的一种论据。

而且，我们大家都受社会的历史发展和现状的影响，这个事实在逻辑上并不意味着个人不应该获得权利来满足他们自信是他们需要的东西和偏好（“现有的偏好”）。因此，当海梅尔-罗斯福追随马库塞和加尔布雷思而争辩说，既然“不能假定推荐的政策和制度对偏好没有影响”，那么，关于现有的偏好应受到重视的论证——“确实还有由‘有效’的资源分配理论得出的全部标准结论——都难以成立”，这种说法是十分离题的。

关于重视现有的偏好有什么好处的问题，并不是一个“逻辑”问题。它是在一个相当分散化的，多元制的社会与一个集中化的、因而也是更极权化的社会之间进行选择的问题。

由此也可得出这样的结论：即满足现有的偏好的愿望和改变社会结构，从而（往往以一种颇难测知的方法）影响偏好的愿望，二者之间并没有逻辑上的矛盾。真的，如同斯威齐所指出的，譬如说对汽车的偏好可能会受城市建设的方式、就业和住房在地理上的分布、集体运输的组织等的影响。同样十分明显的是，在决定城市规划时，我们就不能不考虑，偏好会受到什么样的影响。但是，即使实际上存在的对汽车的偏好可能特别会受到城市规划的影响，这种偏好仍值得重视(例如,为了防止因需求得不到满足而沮丧,以及为了减少出现极权主义社会的危险),这样说在逻辑上是没有什么困难的。对于拥护一种多元制社会的人们来说,一个更令人不安的问题可能是大多数社会中(不光是极权主义社会中)各种压力集团拥有的实力以及宣传资源的分配不均。

无论是在老左派还是新左派的文献中,我都没有看到有任何意图要设计出一些方法来弄清楚个人的“需要”或偏好究竟是什么。我认为,革命的左派对于如何取得有关需求与偏好的情报这一问题,不应该简单地予以**忽视**;相反,他们应该**特别**关心的,正是这些问题。当左派分子自称不仅能决定市场所显露出来的消费者偏好,而且也能决定消费者“真正”的需要时,他们为自己规定的任务比传统经济学家为自己规定的任务艰巨得多。而且,新左派分子怎能如此有把握地说,在新左派的社会里,决策者在作出决定时所依据的偏好,竟比各个个人在受过广告、公共情报和争论的影响之后,自己在市场的行为中显露出来的偏好,更接近于个人的真实的深刻的需要?

权　力

新左派断言,经济学家们没有广泛地研究过经济权力问题和社会中不同集团之间的权力斗争问题,这种说法可能是正确的。但是他们在关于垄断权力,特别是国家权力的经济分析中,对于权力是做了一些重要而透彻的观察的。

例如,从理论的和经验的经济分析中汲取的主要教训之一是,一个多元制的社会是以经济决策的广泛分散化为先决条件的，这些决策包括由个别家庭作出的关于劳动力供给和消费的决策，以及由公司作出的关于生产、投资和价格的决策。特别是，经济学的一个非常重要的成就就是表明了在这些方面实行广泛的分散化是可以起作用的，因此，只要使市场机制与千百万个人的决定相协调，从而避免像苏联那样庞大的、集中的官僚制度，就不会出现混乱状态。这一成就对所有关于经济权力和政治权力的讨论，都有或应该有重大的深远意义。

不幸的是，新左派对这一使命未能很好地理解，它的拥护者既反对市场，同时又反对中央集权的官僚制度。并且，新左派虽然拒不接受市场制度，却往往赞成分散化。新左派和斯威齐、海梅尔-罗斯福一样，都不能掌握这些要点，这说明，关于权力问题，传统经济学给予新左派的不仅是一项极其重要的，而且也是一项极其艰难的使命。归根结蒂，从亚当·斯密到奥斯卡·兰格、弗里德里克·哈耶克和当代东欧的市场社会主义者，这个问题一直是经济学中基本的论题。

指出这一点也是很有兴趣的：历史的实践证据并没有说明，滥用权力的问题会随着私人资本主义的消除而渐渐消失。因此，新左派也许值得重新考虑集体所有制对社会中权力分配的含义。例如，如果一个社会的政府当局不仅同私营国防工业合作，而且事实上还拥有国防工业，那么在这样一个社会里，政治的、经济的和军事的权力的集中——结果是成为一个军事—工业综合体——的危险是否真的会小一些呢？要减少这种危险，一个非常分散化的集体所有制形式大概是必不可少的。但那时我们会面临这样一个问题:是否能使一个社会主义或共产主义社会的政治领袖们信服他们应该执行这样一种分散化政策,包括缩小他们自己的权力。恐怕实践的证据不会支持关于在主要以公有制为基础的经济中容易使权力分散的假设。与此有关的一个问题是,在最高党政官僚机构以外的人们是否有采取主动的机会。(斯威齐显然不认为这个问题是重要的,因为他怀疑究竟有没有任何合理的论据来支持这种观点:生产领域内的革新是任何一种经济制度的一种非常值得向往的特点。)

类似的见解也适用于对竞争的作用所作的"传统的"经济分析。竞争不仅是迫使价格下降到边际成本或平均成本,防止公司忽视消费者,容许新公司参加的一种方法,而且也是限制个别公司(无论是私营的还是公营的)权力的一种方式。

新左派忽视的基本问题

斯威齐和海梅尔-罗斯福不仅争辩说传统经济学家和革命左派两方面觉得有兴趣的问题是不相同的,而且还认为革命左派无需关心传统经济学家所处理的问题。如斯威齐说:"激进的左派没有理由对'新古典派'经济学家关心的问题'持有一些看法'。"又如海梅尔-罗斯福论证说:"新左派绝不容忍改变这些问题。"

在这一点上,新左派是绝对错误的。理由当然是:每一种经济制度都得解决关于情报、刺激、协作、资源分配、收入、财富和经济权力的分配等这些非常相同的基本问题。

为了突出这些普遍性的问题,我在本书中试图围绕着下列六个头等重要的问题来组织有关经济制度的讨论:(1)在市场和形式化的行政管理程序(官僚制度)之间进行选择,以此作为方法来提供有关偏好和工艺的情报、按照这些偏好分配资源并协调数十亿项决定以便使它们相当趋于一致;(2)在决策程序的集中化和分散化之间进行选择;(3)各种不同形式的所有制(例如,国家、合作社和私人所有制)的利弊;(4)是否可能利用物质刺激来提高效率和重视消费者偏好,而又不致引起收入和财富分配中的严重矛盾;(5)在经营公司时,对竞争、计划和共谋三者进行选择;(6)“发达”的意义。

斯威齐和海梅尔-罗斯福对这些要点都闭口不谈。新左派所以忽视这些问题的主要原因,可能是他们认为这些问题是资本主义社会所特有的。我愿重申,在革命文献中被认为是资本主义社会特有的和导致资本主义社会“矛盾”的问题,实际上,是一切社会,特别是富裕社会的普遍问题,因为这些都必须建立在分工这种坚实的基础上。我还要指出,革命左派的拥护者之所以不能看到这一事实,完全是因为他们对绝大部分经济学中所涉及的基本问题缺乏较深的洞察力。

下面举出几个例子来说明这一点:第一个例子涉及知识的利用;第二个涉及刺激的作用。此外,还要简单地再列举几个例子。

社会中对知识的利用[①]

我们知道，在一个国家中，同关于消费、投资和生产的经济决策有联系的知识不仅非常广博，而且性质极不相同，十分零散，同时带有部分的主观性，就消费者偏好来说，主观性尤其严重。经济学的基本问题之一(也许是带根本性的一个问题)，就是要按照社会中各个个人的利益找出一些能有效地使用这些零星而分散的知识的方法。在一个由一些鲁宾逊式的、互相没有多少接触的、孤立的单位组成的简单的农业社会里，这些问题大部分都不存在，因为全部有关生产和消费的知识，都涉及决策单位本身的内部情况。许多新左派文献似乎都隐含地认为，在工业社会中，关于情报、刺激和协调的问题，基本上也与鲁宾逊式社会中的这些问题差不太多。

当然，事实是，在一个高度工业化的社会中，每个决策单位的基本问题，正是要获得和适应于最初只有在决策单位本身以外才能得到的情报，而这正是需要与"外部"世界，即与其他决策单位协调的一些复杂问题的背景。

毫无疑问，当斯威齐设想一种社会由"既是经济单位，又是社会与政治单位的公社组成"，而不是由"公司或工厂"组成时，他给予新左派文献中的一般概念以正确的涵义。新左派文献中另一个

① 本节的标题系借用弗里德里克·哈耶克的一篇著名文章的标题，该文载《美国经济评论》第XXXV期(1945年，9月号)，第519—530页。

典型的设想，就是曼德尔为“生产者和消费者的自由公社的自治‘所开的药方’，在这种公社中，每个人将轮流执行管理工作，这样就取消了‘领导者’与‘被领导者’之间的差别，而这种公社的联合会最终将占据整个社会。”[①]如果经济学家突然针对这个不切实际的幻想，问道：“你对经营钢铁工业是怎样计划的？”那就似乎近于侮辱了。

如果上述这个配方被解释为一种创立一些相当小的自给自足组织的愿望，那倒确实刻画出了一种理论上可行的社会经济制度的形式。如果目前社会中有人愿意在这样一种组织中生活（过物质上很贫穷的生活），那我们其他人就不应阻止他们这样做。但是，问题在于，这种“公社模型”的多数拥护者并没有作出任何表示，要为自己建立这种组织，而看来倒是想论证说，我们大家都应按照那种方式生活。

这里显然也有一种风险，即“公社”这一专门名词容易把情报、刺激和协调等基本问题掩盖起来，而这些正是任何一个社会哪怕只具有起码的专业化程度的社会，不管其生产资料所有制如何，都必须解决的问题。当然，事实上，新左派或者马克思主义在这点上没有一种关于情报、刺激、分配和协作等方面的全面的理论[②]。这

① 欧内斯特·曼德尔：《马克思主义经济理论》第2卷（纽约，《每月评论》出版社，1968年版）。

② 新左派经济学的一位拥护者霍华德·谢尔曼部分地承认了这个问题，他写道：“尽管大体说来，马克思确实没有强调需求，更不必说需求的变动了，他也没有详细地考虑按照那种需求成比例地来进行生产的问题；他也不考虑全部有关在稀有资源和资本之间进行选择的问题。”我只反对论述中的“详细地”这个词，我认为这个词应该删除。（见《激进的政治经济学》，纽约，贝西克·布克斯出版社，第45页。）

是新左派经济学或马克思主义中一个不小的空白点。归根结蒂，它意味着缺乏经济理论。经济学没有关于情报、刺激、分配和协调的理论，与《哈姆雷特》* 一剧中没有王子的情况并不一样。事实上，它根本不是《哈姆雷特》了。

刺激和劳动力市场

海梅尔-罗斯福与马克思主义的分析相一致，似乎暗示说：由于劳动力市场的存在，工人的自由大大地受到了限制："工人出卖他的劳动力时，事实上，他就放弃了自由。"显然，海梅尔-罗斯福认为，除非在资本主义社会里，否则工资差别不能被看成是提高效率和接受训练的必要刺激，或被看成是分配劳动力去担任不同工作的有效方法："我们把它看成是保持资本主义生产方式的必要条件。"他们还宣称，在一个非资本主义社会中，尽管没有个人的经济刺激，也并不需要接受"竞争、纪律、极权主义和死板的工作日程表"。

对于这种相当坚决的主张，新左派有什么证据呢？对劳动力市场的存在的传统看法是，至少在存在着高的就业水平和有权势的工会时，它能为工人创造很多的自由，特别是当我们将它与一种没有"劳动力市场"的经济所必需的另一种制度相比时，情况更是如此，在这种制度下，是通过命令或以处罚相威胁，将工人分配到各个不同的工作岗位上去的。

事实上，绝大部分的传统经济学文献似乎相当理解，为什么一

* 英国诗人和戏剧家莎士比亚（1564—1616）的著名悲剧。——译者

个有工资差别的劳动力市场能提供机会，把相当有效的资源分配与个人选择工作的自由结合起来。我认为，传统的理论对于那些极少利用经济刺激的社会所产生的许多问题，也有一定的理解。这些问题实际上已由20世纪30年代的苏联、1938—1943年的德国和20世纪60年代的古巴等国的经验加以说明。

在考虑竞争的作用时，我认为也值得仔细地研究一下，每一种根据个人的才能来决定工作职位的制度是否就不会自动地变成一个对个人说来相当“有竞争性的社会”、尽管“公司”或“公社”之间的竞争是极小的。也许只有一个按出身确定地位的传统的“阶级社会”才能把个人之间的竞争减少到最低限度。（例如，不妨看一看共产主义国家中个别领袖和官僚之间剧烈的竞争，更不用说残酷的竞争了。）

至于“纪律”、“极权主义”和“死板的工作安排”等问题，这些现象对先进技术和大规模组织的存在，至少可能比它们对资本主义，有着更密切的关系。事实上，理论和经验都表明，根据“传统的”经济学家提出的种种原因，极权主义是由于不存在市场体制，而不是由于存在市场体制而产生的必然结果。

新左派忽视的其他一些问题

传统经济理论所论述的而新左派却一贯予以忽视的问题，实际上是无限的。这一点很重要，不仅因为对这些问题的分析有助于我们理解目前的西方社会，而且也因为它们是每个社会普遍存在的问题。再简略地列举几个普遍性的问题，也许能进一步澄清这一点。

例如，在一切具有自由劳动力市场组织的社会里，可能都存在着难以调和充分就业和价格稳定之间的矛盾的困境。引人深思的是，在一些社会里，当劳动力市场的某种适当的分散化已建立起来时，通货膨胀便立刻会加速，例如60年代在捷克斯洛伐克和南斯拉夫的情况。而且，十分明显，每个社会都面临着如何选择使目前消费与将来消费互相结合的问题，在论述最适度增长的途径的文献里，这个问题被置于突出的地位。同时看来每个社会所面临的困境是要在为提供刺激所必需的经济差别与要求平等的愿望之间寻找一个折衷办法。而且，要找出社会货物的需求曲线，以及创造刺激因素使这些货物有效地提供出来，这些都是很困难的，而这些困难在非资本主义社会中并不亚于今天的西方经济，因为在非资本主义社会中，这种货物的份额估计要大一些。同样，关于政府职员是否应该准予罢工的问题，在公有经济占主导地位的社会里，其严重性并不亚于目前的西方经济。事实上，在高度国有化的社会里，罢工的权利往往遭到剥夺。如果在这些社会里，职员们并没有罢工的愿望，这种法律也就不是必要的了。

同样，外部因素造成的一些问题确实是一切经济制度普遍存在的问题。在一些社会里，公司的行为机能相当明确，例如它受最大限度的利润的支配，因此，在这些社会里，为保护环境而采取的有力政策，事实上可能“比较简单”。在这种制度下，所有旨在使污染承担更大费用的政策，最后会对公司产生明显的影响，从而削弱了造成污染的活动。但是，要影响一些行为模式不太明确的公司，实际上可能比较困难。东欧一些国家的经验就是一个例证：这些国家对破坏环境的活动征收罚款，但并没使污染情况有任何大幅度的减轻，可能因为公司对利润是否会减少不大关心：它们宁愿偿付罚款而不愿改变它们的生产活动。

注意一下“滥用”自然资源这个问题也很有趣。这个问题近几年来已引起人们很大的关注，但是实际上对不追求最大限度利润的公司来说，可能更难以解决。我们知道，追求最大限度的利润的公司有相当强烈的(尽管可能并不十分强烈的)动机，要想在生产过程中节约原料。另一方面，如同在东欧的情况那样，一些企图追求最大的总产量的公司，却有各种动机要使用过多的原料，在这方面，赫鲁晓夫抱怨苏联企业中“有人在吃钢铁”的话，就是一个实例。

决定论和大杂烩

斯威齐的文章的一个要点，就是据说改革资本主义制度是不可能的：“谈论改革资本主义制度，如果不是天真的话，就是欺骗。”他提出的理由是，剥削、不平等、革命、战争、金融危机和大灾难，都是“资本主义内部矛盾不可避免的后果”。他告诉我们，相信“从现在起，任何情况都会发生”，是错误的。他还告诉我们，未来并不像“一种瑞典式的餐前冷菜，能提供一本丰富的食谱中的各种菜肴，以便我们从中选择最爱吃的菜”。

这是一个无法解决的哲学上的老问题：即人类通过一致的行动，究竟能在多大程度上选择自己的未来。可能我们这些改良主义者夸大了人们在一个混合经济中通过审慎的行动选择自己的未来的可能性。要制服技术的、经济的和社会的“力量”,其困难可能超过我们大多数人所能相信的程度,尽管今天的混合经济的许多内容及其福利国家,确实是民主选举的议会所作出的审慎的政治决策的结果。

但是,如果像斯威齐所提出的那些审慎的改革,在资本主义社会里是不可能实现的,那么,当我们进入社会主义社会时为什么所有的决定论都消失了呢?为什么在这种社会里,就没有“不可避免的规律”了呢?为什么在那里任何事物都能发生呢?

例如,苏联庞大的官僚机构是一个历史上的偶然事件,在其他非市场制的社会里是能够避免的,因为激进的左派已吸取了“这个反面教训”,但这一点看来并不是不言自明的。像我在本书中试图论证的那样,这一点至少是可能的,即苏联非常强大的官僚机构是试图尽量减少对市场和竞争的依赖的一个必然结果。这一假设至少在经济理论和经验事实中已稳固地确定下来了。而且,这一点也许至少是可能的,即经济积极性的分散化,在只有一个资本占有者的社会里,即使这个占有者恰恰就是政府本身也是难以实现的。同样可能的是,用暴力夺取权力,很容易造成的结果是选出一些既专制而又残酷的领导者。革命的“不可避免的规律”可能是存在的,官僚主义的“不可避免的规律”也可能是存在的——例如,“帕金森那样的规律”*——如同私有制的市场体制的不可避免的规律一样。但是,一条确实存在的规律是,一个以分工为基础的、工

* 帕金森为英国经济学家,曾以若干讽刺的论述来表示经济规律,大意是:为了填满规定的时间而扩张工作。——译者

业化的非市场经济，必须是一个高度集中的和官僚化的社会。

换言之，既然斯威齐确信，资本主义社会中的悲剧并不是偶然事件，而是资本主义经济制度的必然后果，那么为什么紧跟着许多社会主义革命而来的“倒退、残酷行为和悲剧”(引用斯威齐的话)仅仅是历史上的偶然事件呢？这种仅仅因为生产资料所有权发生了从一批人的手中转移到另一批人的手中的转变，而把关于历史发展动力的哲学也来一个彻底的转变，这在逻辑上或哲学上有没有根据呢？

在只有一种所有制的社会里，而不是在其他社会里，才存在着一盘“可以从中选食的大杂烩”，这一点为什么是无需证明的呢？

结　束　语

为什么专业的经济学家关心新左派的“政治经济学”呢？这显然不是因为新左派关于经济问题的著作有一定的学术水平；一般说来，这个水平确实是很低的，因为在很大程度上，花言巧语代替了分析。但是，我认为，经济学家们所以十分认真地对待新左派文献，是有某些重要的理由的。

第一，新左派文献受到大量青年人，主要是大学生的重视，尤其是享有相当大的阅读自由和言论自由的国家中的大学生的重视；而未来社会很可能会深刻地受到现在这一代学生的思想和信仰的影响。也许我们应该再回忆一下凯恩斯的著名语录：“经济学家和政治哲学家的思想，不管是正确的还是错误的，都比人们通常所理解的要更有力量。真的，再也没有别的人能来治理这个世界的了。”归根结蒂，我们，或至少我们的子女，必须在新左派所生活的同一社会中生活。

第二，新左派提醒我们，作为一个公民，不要忘记许多有关社会和政治的“永久性的”问题：收入和权力的分配、所有制、外部因素、公众参与和一般的社会准则（生活质量）——这些方面都是许多从事普通工作而已有地位的人们所容易忘却的。

第三，新左派要求经济学家们在社会科学许多不发达的领域内进行更好的探索，同时提醒我们，把命题的界线划得太狭是有危险的，而这种作法可能是新古典学派和凯恩斯学派革命的一种后果。

新左派还迫使我们重新考虑，马克思主义传统的某些部分是否值得纳入经济分析的“传统的”工具箱中。例如，承认马克思主义所坚持的下列观点也许很重要：在社会科学中对不同集团（“阶级”）之间的竞争，应该给予更多的考虑，而不要把分析集中于个人的行为上。他所坚持的关于边缘学科分析法能有助于理解许多重要问题的观点大概也是有充分理由的（当然，这不是马克思主义特有的观点）。马克思主义有一个关于长期历史发展的理论（即历史哲学），而大多数经济学家都不愿费心加以研讨，这种情况也是完全确实的。当这样多的学生要求关于长期历史发展的理论或臆断时，难道社会科学家不应该帮助提供这方面的知识、观点和臆断，以尊重这些已经显示出来的“消费者偏好”吗？尽管在现阶段还不可能提出十分完善的理论，但是，如果这些理论能比按黑格尔、马克思、斯潘塞、托因比的方式提出的理论有所改进的话，那也就够了。

另一方面，我们也必须向新左派以及其他公民们证实，传统经济学对于理解现存的和可以想象的社会中的根本问题来说，是一个十分有力的工具（事实上，在我看来，它是现有的最有力的工具）。因此，可以告知新左派，他们看作资本主义或混合经济的“不可避免的结果”的许多问题，实际上比那个问题有趣得多：因为这些问题往往是所有的经济制度都必须正视的一般性问题。

经济制度与新左派经济学[①]

阿萨·林德贝克

于斯德哥尔摩大学

新左派当然主要应被看成是一种反对西方政治、文化和经济制度的运动，然而它也并不直接赞同东方制度。尽管运动的重点也许并不放在“经济”问题上，但是它对现存的和“所向往的”经济制度的看法，对于我们分析新左派的思想来说，却有决定性的作用。然而，重要的是要强调指出：由于我们把注意力集中在新左派经济学上，实际上新左派思想中的一个次要的内容却被我们挑选出来，并加以认真的研究了。既然因为把经济思想与其他各方面完全割裂开来，可能多少会引起误解，所以，我还试图说明新左派的经济学与其一般政治文化思想之间的某些联系。

新左派在经济问题上所获得的主要启示来自老左派中的革命

---

① 本文根据 1974 年 1 月在苏黎世大学瑞士国际研究所发表的演讲稿加以修订和删节。

派，它们反对私人企业，市场，竞争而且往往也反对经济刺激。此外，共产主义运动的基本政治特征——例如反对议会民主、提倡与据说是社会民主党所提出的“阶级合作”相对立的革命和阶级斗争——也是大部分新左派的一个显著的特点。同时，大部分新左派运动所特有的那种对反对现行制度的“直接的”、非议会的行动的同情态度，可追溯到无政府主义和无政府工团主义的传统，虽然，“直接行动”通常是用来反对大学，而不是反对生产公司的。由于新左派运动显然涉及到我们经济制度的一些基本问题，因此，我首先要说一下，经济制度究竟是什么，即经济制度必须完成什么职能。

经济制度究竟是什么？

在一般的政治辩论中，讨论经济制度的传统方法是，将资本主义和社会主义这两种制度进行对比。但是，正如学术性较强的文献所表明的那样，经济制度问题倒是一个多方面的问题，如果用区分得更细的“多方面的”概念来加以分析，就会比用传统的资本主义和社会主义概念来进行分析，更为有效。这里我们将用一个非常简单而一般的定义：一种经济制度就是用来就某一地区内的生产、投入和消费作出决定并完成这些决定的一整套的机制和组织机构。我们把这些机制和组织机构共分为八种不同的类型。它们将被简单地称为一种经济制度的各个“方面”或“范围”，并在下面用图解予以说明。

第一方面涉及决策“结构”，或更明确地说，涉及决策过程中的集中程度，即关于消费、生产和投资的决定是像在分散化的制度中那样，由个别消费单位（家庭）和生产单位（公司）做出的呢，还是像在集中化的经济制度中那样，由某个中央权力机构做出的；第二方面反映出需要一个提供资料，分配资源并协调经济决策的机制。这里，我将区别达到这个目的的两种不同的方法：市场的方法与行政管理的方法。第三方面涉及决定“财产所有权”（包括资本所有权）的必要性，资本所有权意味着对资本的控制力量、“照管”资本的兴趣以及资本的形成和使用。我在这里简单地对比一下个人所有制与集体所有制，并着重说明每种所有制都可能以截然不同的形式存在。

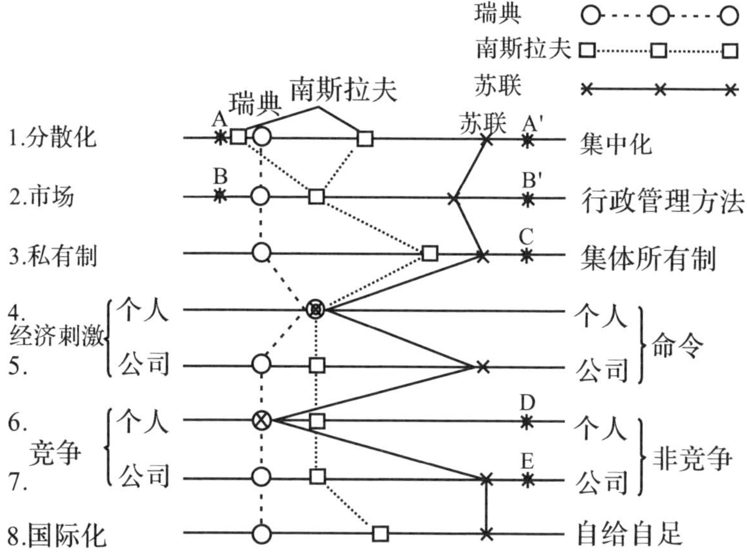

第四和第五方面涉及选择一种能诱使人们按社会所期望的方式采取行动的机制。这里我将把个人刺激这一方面和上级指挥（命令）那一方面简单地加以区别。这个问题将就个人（主要是雇员）与公司分别讨论。

第六和第七方面关系到各个不同决策单位之间的关系。在这里，我将简单地把竞争与非竞争（合作、共谋或垄断）两种类型的关系作一对比。这个问题仍将按个人与公司分别讨论。

最后，第八方面关系到作为一个整体的经济制度与“外部世界”之间的关系。在这里，我将集中讨论这个关系的一个方面：这种制度的“开放”程度，以及可供选择的两种极端不同的情况：完全国际化的经济和自给自足经济[①]。

因此，总起来说，经济制度在这里已被解释为一种八面体[②]。这八个方面所涉及的是：决策结构；提供情报、分配资源和协调经济决策的机制；财产所有权的定义；个人与公司对刺激和命令的选择；决策者（竞争的角色）之间的关系，不论他们是个人还是公司；整个制度与外部世界（制度的“开放性”）之间的关系。

我将经济制度问题细分为八个方面是为了达到本文的两个主要目的。这种分类法为讨论提供了一种组织结构；同时它集中注意于必须使一个经济制度的各个不同方面之间至少达到某种最低限度的一致。当然，这里使用的分类法既不完善，也不一定是最好的。但是，我们在这里需要着重指出的一点是：对经济制度问题的这种多方面的看法，比用资本主义和社会主义这类术语来讨论这

① 第八方面——自给自足与国际化——当然与国家规模的大小密切相关。但是，不论某一个国家的国际化程度是否取决于国家规模的大小或其他一些情况，经济的国际化程度仍然是经济制度的一个重要特征。

② 林德贝克：《经济制度——一种多方面的现象》，《经济辩论》，1971 年第 1 期，第 3—18 页。

些问题时所采用的相当含糊的分析方法，其成果要大得多。

为了说明这里使用的多方面的分析方法是受什么思想支配的，我在图中用图表勾画出了三种不同类型国家的经济制度的“形象”，其含义是这些国家的经济制度可定义为八面体。我认为，这些形象本身就有很大的说明性，但南斯拉夫可能是一个例外，它在图中被描绘为这八个方面的大多数中的一个“中间的形象”——在一段时间里，集中的程度波动不定（在图中第一根横轴上用两个位置标出）。当然，我对图表的解释，并不自以为精确。

现在我们必须提出的主要问题是，新左派在这八面的空间中（含蓄地）选择了什么位置？换言之，新左派的方面体是怎样的？

（一）集中化与分散化

赞成经济制度中分散化决策的一些主要论据是众所周知的。一种论据认为，在一个社会中关于实际经济情况的知识，例如偏好、工艺及市场是非常零星的，并分散在公民中间。换言之，知识是分散在无数人的头脑中的，因此，收集和集中这种知识要费很大代价并且往往是不可能的。这对于哈耶克[①]所说的“关于时间和地点的知识”尤其是如此，例如，关于某些个人的偏好，和在某些工厂生产某些货物的各种不同的工艺知识等等。这类知识要经过极大的困难或花费很大的代价才能传给别人，从这个意义上来说，这类知识大都可以看作是一种“私人财物”，我们不妨把这类知识称为“哈耶克式情报资料”。赞成分散化决策的第二个论据是：这种决策的效果可由决策者本人直接感受到，这就是大大激励他去调

① F. A. 哈耶克：《对社会知识的利用》，载《美国经济评论》，1945 年，第 519—530 页。

整这些决策，使其适合于直接有关的人的愿望。与此不同，在集中化的制度中，各种决策都是为人数众多的各色各样的人群作出的，因此感受这种决策的效果的主要是别人而不是决策者本人。

应该强调指出，以上两种赞成分散化的论据，不仅同直到个别公司、个别家庭这一级的分散化有关，而且也同公司内部和家庭内部的分散化（现今往往称之为“民主参与决策”）有关。

相反地，赞成集中化决策的基本论据是，某种类型的资料不是中央当局比个别家庭和公司更容易得到，就是，例如根据国家账目的来龙去脉加以比较和合计，能够提供更多的内部情况。也许集中制有时比分散制还容易向公司传送有关工艺和管理技术的标准化的“手册式”资料（特别是专利权）。这种类型的知识，包括各种“公共物资”的强大因素，也许可称为“阿罗式”的资料。[①]

赞成集中制的第二种众所周知的论据，涉及到个别决策中存在的外部因素；现代生产过程对自然环境及人造环境的影响，和集体物资的存在也许是两个最好的例子。第三，关心收入和财富的分配与关心宏观经济的稳定性，都需要一种由中央来计划和贯彻执行的经济政策，这也是一般常识。

当然，西方混合经济正是出于这种考虑，企图保持分散化与集中化决策二者之间的平衡，才让各个家庭主要作出关于“普遍”消费品的消费的决定，而关于这种货物的生产的决定则由各个公司作出；而基本研究、外部因素（包括集体物资的供给）、经济的稳定

① 阿罗：《经济福利和为刺激而进行的资源分配》，普林斯顿大学出版社，1962年版，第609—626页。

以及收入和财富的分配，则主要由政府负责。

如果这就是“混合经济”为集中化与分散化决策寻找一种合理的结合的问题提出的解决方案，那么，新左派对这些问题采取什么立场呢？新左派的文献显然对分散作出经济决定的办法表示十分强烈的同情。但是，这种文献对这些问题的明确的阐述，似乎主要涉及各种组织机构（例如公司、工会和大学）内部的决策。不过，我们也许可以这样认为，即大多数新左派作者也赞成经济决策大幅度地分散到各个生产单位（公司）和家庭，而不赞成让中央政府来作出这种决策。我不太能确定新左派在这个问题上的立场，这不仅因为新左派的文献对这个问题没有明确地加以讨论，而且因为新左派文献中除了一般地同情分散化之外，往往也有赞成制订比较有意识的社会计划与经济计划，以便消除当前西方国家经济制度中的所谓“无政府状态”的话。这种异常的状态，在某种程度上，完全反映出新左派也许比其他政治运动更甚地是一个由一些政见相当不同的人所组成的一个非常不统一的集团。

（二）市场与行政管理方法

在分工相当广泛的社会里，看来实际上只有两种可供选择的不同的方法来传递情报、分配资源和协调决策。一种方法就是让市场来承担这项工作，也就是说，依赖供求和价格之间的相互作用；另一种方法就是依赖庞大的行政管理体制——官僚主义。

在一个由一些孤立的鲁宾逊式的单位组成而彼此之间又没有多少接触的简单的农业社会里，上述的选择是不会发生的，因为有关消费和生产的全部资料都涉及到决策集团本身内部的情况。但是，一旦社会中有了最起码的分工之后，我们就必须有某种机制来处理下列错综复杂的工作，如在决策单位之间传递情报和分配资源，以及协调各个决策者所作出的决定，使它们适当地一致。只有在这种在各不同的决策单位之间至少有些分工又有些相互作用的社会里，市场和形式化的行政管理方法才是可供选择的方法。

新左派的文献并没有显示出它们深刻地意识到有必要来进行这种选择。最有代表性的文献就是新左派最重要的鼓舞者，已故的保罗·巴兰的阐述："我们可以发展这样一个社会，在这种社会里，个人是通过一种为使用目的而合理地安排生产的制度，和一种由团结、合作和自由决定和导向团结、合作和自由的广泛的人与人之间的关系，而形成和受到影响和教育的。"[①]巴兰还说："在一个有计划的经济中，对资源的最适当的利用代表着一个由理智和科学指导的社会主义共同体的深思熟虑的判断"。[②] 有关这方面的论述，很少（或从来没有？）比这个论述更为明确的了。

新左派的拥护者通常直率地说，生产应该针对着个人的真正需要，而不应针对着市场里表现出来的受操纵的需要，因为这种需要往往受广告和宣传的影响。但是，如果我们不再能根据消费者自己在市场上采购消费品时作出的决定来"估计"家家户户的"真正需要"时，我们就无从知道怎样去打听它们的"真正需要"。也没有人告诉我们谁准备去打听"真正的"需要究竟是什么。

政治民主的拥护者争辩说，应该重视的显然是经过讨论和宣

① 保罗·巴兰：《关于成长的政治经济学》，（纽约《每月评论》出版社，1968年版），第17页。

② 同上第42页。

传以后的，而不是以前的(或未曾经过讨论和宣传的)偏好。同样，拥护市场制度的人也可以争辩说，应该重视的是受了广告、讨论和宣传的影响后的对各种商品的偏好。当然，政治民主或市场经济的拥护者所必须操心的是，社会里的多元论是否强大得足以防止在形成对政党和商品的偏好的过程中由一个或少数小集团单方占支配地位的情况。于是，争论的焦点就变成这样一个问题：什么类型的经济制度和政治制度在形成政治思想体系、对商品的偏好及一般的价值标准的过程中最“符合”于也最受多元论的欢迎。

在新左派的文献中，人们在任何地方都没有告诉过我们，在一个被认为既没有像我们国家中所存在的那种市场，也没有像在苏联所存在的那种集中化的、“经济的”官僚主义的社会中究竟应该怎样诱导生产单位按照消费者的偏好(或“需要”)，或由于上述原因按任何其他偏好来进行生产，或者应该怎样使各个家庭和生产单位(公司)所作出的几十亿个经济决定互相协调一致。也没有人告诉我们应该怎样诱导生产单位用有效的方法进行生产，也就是说，使用尽量少的资源，革新新产品和新生产工艺。

我认为，正是在这些问题上，可以看到新左派关于经济问题的见解的主要弱点。虽然在一切相当发达的经济制度中，人们都必须在市场和集中化的行政管理方法之间进行选择，但新左派对二者都加以反对。新左派赞同分散化决策的方法，这和它拒绝接受市场制度的立场是不一致的，而市场制度是众所周知的能够在发达的经济中做到分散的决策的唯一方法。事实上，在经济学中能够系统地加以阐述的一个基本原理正是：我们愈偏爱分散化，我们愈反对官僚主义，我们就愈加应该赞成市场制度。因此，市场是与分散化相配的，而行政管理方法是与集中相配的。按照我们的图表里的话来说，A 和 B 的联合，A′和 B′的联合都是可能的，而 A 和 B′就不能联合[①]。由于新左派拒绝市场制度，事实上（含蓄地）选择了赞成分散化而同时又反对市场的这种逻辑上不可能的位置（A，B′）。

老左派，特别是苏联模式的拥护者在这些问题上的立场同新左派相比，却比较前后一致，因为前者懂得，高度的集中，因此也是一种强有力的官僚主义，在一个不需要十分依赖市场的社会里是必要的。我们知道，革命的老左派的主要组织（共产党）总是倾向于高度的集中制，这一点可从它要求实行“无产阶级专政”中得到证明。老左派自相矛盾的论点可以说是这样一种想法，即从长期来看，国家将会“消亡”——在这种制度下，国家愈来愈承担起西方经济中主要由市场来完成的职能，因而国家的行政管理职责和权力也就不断地建立起来！实际上，对苏联的发展进行了各种现实的分析以后，人们必须承认这样一个意见：苏联的集中化的与官僚化的制度，并非像大多数新左派的文献所公开地或含蓄地断言的那样，是同具体的个人（例如列宁和斯大林）的特质有关的历史偶然事件，而是不愿接受广泛地使用市场这种办法的必然结果。

（三）所有制

新左派关于所有制问题的立场，显然是同革命的老左派的立场大致相同的，即生产资料的集体所有制应该代替私有制（达到百分之百?）。而且，“所有制”的概念，在新左派的文献中似乎被理解

① 更明确地说，对市场的重大依赖是分散化经济制度的必要条件。

为某种既定的和独特的东西,而不是由社会中现有的法规和制度以及当前的风俗习惯所规定的各种职能的集成。大概就是由于这个主要原因,新左派文献的作者们似乎完全看不到西方社会在最近 50 年中资本的财产权(所有权)在内容方面所发生的巨大变化:即正式的所有者所拥有的权力,与雇员、工会和公共当局比较起来是减少了。

由于许多新左派作者十分偏爱分散化,我们也许可以这样假定,新左派偏爱集体所有制的各种分散化的形式(例如各种形式的合作社),而不喜欢国家所有制。实际上,在新左派的文献中,关于建立在集体所有制基础上的自治的"公社"有过很多的讨论,这些"公社"据说既是经济的单位,又是社会的和政治的单位——这种看法与马克思以前的社会主义者,如傅立叶、蒲鲁东和欧文的看法极其相似。

如果把这样一种说法解释为一种希望创立一个相当小的、完全自给自足的(即完全独立自主的)组织的愿望,那么,它确实勾画出了一种在理论上可行的社会经济制度的形式。但是,如果这些组织并不是自给自足的,那么,如果要避免将决策权集中到"公社"以上的权力机构去,它们就得使自己与市场联系起来。

在以大量的分工为基础的经济中,关于集体所有制的一个重要问题当然就是实际上在多大程度上,可能把集体所有制与分散化的决策方法和一个多元制的社会结合起来。对于这个难题,我想谁也不敢自命知道它的答案。毫无疑问,假如经济是一种市场制经济,我们就可能为百分之百的集体所有制的甚至是国家所有制的制度建立多种理论上的经济模型,在这种模型中,消费由各个家庭分散决定，而日常的生产则由各个生产单位（公司）分散决定。但是，有关投资与新公司加入的高度分散化的决策，也许更难按照上述模型的结构，前后一贯而“似乎言之有理”地设想出来，因此，这种模型大概必须包含为各种金融资本设置的分散化的市场。

但是，对于只拥有集体所有制的经济制度来说，基本的问问并不是在建立具有分散化的决策和集体所有制的理论经济模型时所遇到的那种困难。我认为，主要问题倒是这个实际的、政治性的问题：处于主要地位的政治家和行政官吏事实上到底有多大的可能避免干预各个公司的决策，因为在一些社会中，当国家、市政当局或类似的公共当局完全控制了投入新企业的资本和借贷资金时，上述情况是非常容易发生的。换言之，人们可能主要由于追求权力的强烈愿望而在国家的政治和行政机构中取得了主要地位之后，究竟有多大的可能自愿地避开社会中最重要的权力之一——履行所有制的职能，即控制投资、决定公司的参加、控制总的生产过程？

实际上，在所有制与决策的分散化程度之间的关系这个重要问题上，我敢做出的唯一的一般性论述，就是经济决策的广泛分散化（这是多元制社会的先决条件），很可能要求资本的供给与控制也高度分散化。然而，我也认为可以合理地说，实现上述这种分散化，从而实现与此相关联的多元制，这种可能性，在拥有那种与公有制和合作社所有制混合起来的私有制的社会中，比在没有那种私有制的社会中要大。这种话的前提当然是私人财产并不集中在少数人的手中。因此，所有制结构与分散化程度之间的关系问题并不仅仅（或主要）是一个“技术性的”模型建立问题，而且是一个为了在现实中出现一种高度集中化的经济与政治制度，我们愿意担什么风险的问题。

(四)及(五)刺激与命令

每个社会都需要某种机制来诱使人们按照该社会的偏好和可取得的有关各种可供选择的生产工序的知识来行动：使人们工作、生产、储蓄及投资等等。就我所知，对于这些问题，有两种主要的可供选择的手段，即刺激与命令。

当我们使用刺激时，很明显，往往主要是靠"经济的"刺激，尽管其他类型的刺激也起一定的作用，例如希望博得友谊和声望，为别人作"好事"，以及期望获得权力(即"命令"他人)。在国家的危急时期，例如战争时期，很明显，爱国主义也可能成为一种重要的刺激(至少对某种类型的任务来说)。但是，总的来说，我认为，经济理论、理智和实践经验有力地表明，在经营一种复杂的工业经济时，非经济的刺激过于软弱而且极不容易使之灵活而有差别，因而不能在很大的程度上代替经济刺激或命令。

在现实的世界中，一切经济制度当然都用刺激与命令相结合的方法。例如，苏联主要是用命令来指导公司，而在这些公司中工作的个人，像在西方国家一样，既受命令又受刺激的影响，而所谓刺激则包括经济刺激和取得"权力"(命令他人的权利)的刺激。

然而，应该看到，在许多国家中，今天的工资差别可能比按照刺激效率和分配的观点所能维护的工资差别要大得多。例如，今天部分工资差别可能反映了过去由于我们社会中各种制度上的障碍而产生的供求关系。也许，更重要的一点是，今天的工资差别反映了人力资本目前的分配情况。通过改变对人力资本投资的分配，应当可以在分配工资和薪金收入方面，实现一种比目前许多国家所实行的要公平得多的分配。按照类似的方式，对实物资本和金融资本实行更为平均主义的分配，也必将导致社会上收入和经济权力的更平等的分配。

关于许多国家中目前的工资差别可以加以缩小而在经济效率方面毫无损失（只要选用“妥当的”方法）的假设，已为下列事实所证实：即某些效率高的国家（例如斯堪的纳维亚各国），都以其工资差别比若干效率较低的国家（例如法国和意大利）小得多为特色。而且，实际上，平等增进到一定程度后，在广义上，对于一个社会来说，可能意味着效率的增加，以致不平等状况的减轻会增进一个社会中的社会与政治方面的稳定性——事实上，关于这一点，俾斯麦已经说过了。

就收入的分配反映着遗传下来的实物资产和金融资产的分配这一点而言，人们要为现有的收入分配寻找一个伦理基础，大概是困难的。对于反映父母所遗传的基因和“遗传的”知识、态度和行为模式等的后果的那种收入来说，上述情况可能也同样适用。我认为，要为收入的不均等进行辩护的话，那么，相反地，它必须根据：(1)关于刺激因素以及微观与宏观经济效率的考虑；(2)个人在收入与其他创造效用的变数（例如广义的闲暇）之间进行选择的权利；(3)关于私有财富的大量占有，因其能平衡政府当局的权力而有利于社会的多元制的理论。

现在让我们看一看新左派对这些问题的见解。新左派和老左派（过去或现在）一样，从根本上来说，具有严重的平均主义倾向。上面谈到的关于收入与财富的现行分配方法，缺乏一个“伦理基础”,这可能是新左派的拥护者们在感情或理智方面的一个最强大的推动力,如同所有的平均主义运动的情况一样。当然,这就是新左派文献之所以对经济刺激(如工资差别)照例表示强烈不满的原因。

然而,新左派对这个问题的见解的一个基本问题,是它不仅反对利用经济刺激,而且也反对利用命令。这将迫使一个新左派社会极大地依赖于任何社会所极其少有的一种办法——利他主义。但是,根据人都是“天使”这样一种假设来建立一个社会,如果最后证明他们并不如此,那就会导致破坏性的后果。

此外,至少有一部分新左派,还面临着另一个逻辑上的或哲学上的问题。有些新左派文献含有这样一种坚定的说法,大意是说增添的消费量并不重要,而且个人的消费可能已经太高了,就是说,消费的边际效用,对于一个普通人来说,是个负数。如果这种见解被接受的话,当然我们就会面临这样一个问题:如果消费本身是极不重要的,那么,为什么从富人到“普通人”的消费分配又是如此重要呢?不重要的东西,其分配又怎样能是重要的呢?这种困境对于我们当中那些相信增进消费,对“普通”公民仍然是重要的人来说,当然是不存在的。

(六)及(七)竞争

新左派特别反对竞争。他们所建议的另一种方案显然是一个以个人与组织(包括生产单位)之间的合作为特征的社会。我们很难想象一个丝毫没有某种竞争的社会。但是,如果要详细说明这样一个社会,则它必须包含下列这些概念:(1)几个个人不得设法取得同一个工作;(2)一个生产单位不得向同一个可能的顾客提供比其他生产单位更廉价的或质量更好的产品。

这种见解会引起什么问题呢？总的来说，我们可以说，竞争是实现选择的一种方法；也是专被用来找出谁是最能完成某项任务的一种方法。如果没有竞争，那么，甚至要寻找一支能用来衡量实际上所能完成的工作的尺度，也是困难的。

我们把公司之间的竞争和个人之间的竞争问题分开来讨论是有益的。公司之间的竞争大致有三种主要作用：(1)迫使公司提高效率，并调整生产使它适合买主的愿望；(2)使公司发展新产品和新工艺；(3)迫使价格降低到平均成本。换言之，公司之间的竞争的作用，主要是增加价格体制的情报内容，其方法是迫使价格下降到接近平均生产成本的水平，并使公司有效地调整生产使它适合于家庭的偏好。我们也很难设想如果不建立大多数人认为很不可取的垄断组织和分支卡特尔，又怎能消除公司之间的竞争。

重要的是，必须强调指出，竞争与计划之间并非必然存在着任何冲突。首先，公司之间在市场上的竞争可以看成是一种分散化计划的制度，因为公司内部有大量的计划；第二，与充分就业、经济成长、环境保护、公共消费和对基础结构的投资有关的中央计划，假如它主要依靠对私营部门的一般经济刺激，则与公司之间的竞争是完全不矛盾的。而且，公众对各经济部门的发展进行的长期预测，即所谓“指示性计划”，与竞争性的市场制度，也是完全不矛盾的。

关于个人之间竞争的作用问题，那就复杂得多了。但是，在这里，显然竞争又往往被看成是一种鼓励或者甚至迫使人们尽力工作的一种方法。而且，竞争是想按个人的资格和偏好来分配工作的那种奢望的不可避免的结果。对竞争的这种流行的看法不仅存在于经济领域，而且也存在于诸如学校、文化界，尤其是体育运动方面。

反对公司之间的竞争的主要论据很可能是：竞争往往意味着工作的重复，而对个人之间的竞争的批评往往属于心理或伦理的性质：竞争可能使竞争性比赛中的胜者和负者双方的人格都“变成畸形”。实际上，某些负者的表演，从长期来看，可能会受到这种比赛的消极影响，甚至会由于失败而感到沮丧，而要“放弃”了。

反对竞争的心理学上的论据并不明确，某些人实际上可能还很喜欢竞争本身，例如，我们高兴地看到，当人们有机会在空闲时做他们愿做的事情时，他们多半参加或观看具有强烈的公平竞争成分的比赛——从社交性的比赛直到运动会。更重要的是，很难设想出另一种“合理的”办法来代替竞争这一现代社会中分配工作的方法。就我所知，除竞争外，在个人中间分配工作时，只有下列三种可供选择的方法：抽签方法、传统方法（例如继承）和根据最高当局武断的命令。在一个“开放的”社会里，每个人都按个人的资格和爱好获得工作，而不是凭抽签、传统方法或武断的命令，这种社会必然是一个高度竞争性的社会。

因此，当改良主义的和激进主义的运动要求摧毁“阶级社会”时，当对黑人和妇女的歧视受到批判时，这些争论的实质是每个人不论他的家庭背景、种族和信念如何，都应该得到允许去争取社会上所有的职位。因此，竞争基本上是同阶级社会和歧视相对立的。所以，不断地消除形式上的阶级隔阂和阶级歧视，已造成了一个竞争性愈来愈强的社会，对于这一点我们不应该感到惊讶。

显然，当新左派宣称，在新左派世界中"竞争将被消除"时，他们对这些复杂的问题并没有认真思考过。

（八）国际化与自给自足

最后，我们对经济制度的分类的第八个方面是国际化与自给自足这两种制度之间的选择。赞成强有力的国际化制度的主要的经济上的论据，可能是希望对世界上的资源进行有效的分配，而另一方面赞成自给自足经济的论据可能是自给自足有助于一个国家保卫自己不受国外的干扰和影响。

很难说新左派对这个问题持什么态度。很明显，新左派作者们对于把各国的国民经济并入到目前的国际经济体系中去的做法是严加批判的。但是，我们很难了解，这种看法是否应被解释为对国际化经济制度本身的批判，或者是对国际经济舞台上存在着市场和私人公司这事的批判。

也很明显，新左派的许多成员都认为，不发达国家的贫困在很大程度上是发达国家的富裕所造成的。从这个观点出发，新左派的文献对目前贫富国家之间的经济关系有许多批评意见。但是，每个经济学家都知道关于穷国人民之所以贫困是由于我们这些发达国家里的人的富裕的说法，是没有多少实质内容的——除非它是在世界范围内的收入再分配能有助于穷国的人民这种琐细的但实际上很重要的意义上说的。

外国子公司在不发达国家中的经营问题，看来愈来愈成为新左派批判目前经济秩序的中心问题。这里没有篇幅来讨论关于不发达国家中的外国子公司的正反两方面的理由这个复杂问题。但是，显然，新左派的文献中提到的只有反面意见，往往只简单地说，外国子公司的存在意味着“剥削”。断言富国通过购买穷国用廉价劳动力生产的产品而“剥削”了穷国的工人，可是，新左派对于我们从不发达国家进口的产品征收的关税也有许多批评意见，这实际上就是说，富国由于没有从不发达国家购入更多的产品也要受到批评。后一种意见当然是那些赞成在国家之间进行自由贸易的经济学家中常见的一种意见。

结　束　语

以上的讨论涉及得更多的也许是新左派提出的一些问题，而不是新左派本身。我之所以偏重于这一方面，完全是因为新左派提出的问题比它所提供的答案有趣得多。显然，新左派对目前社会的批判，比它自己关于应该怎样组织另一种社会的明确或含蓄的建议更有“力量”。前面早已指出，新左派运动是一个由各种不同的派别所组成的运动，这一点也是很清楚的。根据所强调的究竟是新左派论点中的哪一个具体方面——例如，同情武装叛乱、不承认市场制度、同情分散化还是集中化的计划、对竞争的批评意见、由于厌恶命令因而也厌恶经济刺激等等，我们就可以辨别出新左派内部截然不同的各个“派别”或党派。然而，新左派“主流”的特征也许可以按照第128页图中的结构用（A、B′、C、D、E）体形来表示，虽然它在其余几方面所作的选择是不明确的。事实上，新左派突出地“拒绝”在经济刺激与命令之间进行选择，就暗示着二者都是不必要的。

对本文所提出的关于新左派对经济制度问题的见解多半是前

后矛盾的论断，我们所能想象得到的一个答案可能是：新左派并不认为它的见解必须前后一致，因为新左派运动并不努力追求经济效率（即经济学家通常所称的效率）。换言之，由于为经济设想了一种能不把“效率”包括在政策指标之内的“客观的职能”，所以，按照这种论点，经济制度中也就不必要求前后一致了。

对于这一论证，至少有两种根本性的反对意见。第一，在任何一种经济制度中，即使我们不要求这种制度有很大的效率，某种最低限度的一致性也还是必要的。如果没有一种机制来协调几十亿项分散的决定，则一种经济简直就会濒于“崩溃”：消费者将不能获得他们需要（要求）的产品；而如果不能从其他公司获得适当的投入物资（在适当的时候得到适当数量和质量的物资），生产过程就会在妨碍生产流程的一环上停下来。这不仅是一个理论上的问题。在现实世界中，某些经济组织实际上已非常接近于这种状况，例如1919—1920年间的苏联；或者，只有通过强有力的集中化决策的办法来避免这种情况，以便获得必要的协调，例如30年代中期的德国。

实际上，苏联庞大的官僚机构的主要任务并不真正是要取得经济效率，而是要在生产的投入—产出制度及递送生产要素、货物和劳务方面，至少实现某种最低限度的一致性。

第二，即便一部分新左派认为效率并不重要，但如果认为其余的人也都有这样意见，那是十分难以置信的。我们应该记住，雇员们组织工会，其目的多半恰恰是为了建立一个强有力的压力集团，以谋取较高的和不断增加的个人消费；归根结蒂，这是支配他们要求较高的实际工资的真实思想。我们还应该考虑到，低水平的效率不仅意味着私人和集体的物资消费的低水平，而且很可能还意味着产品的低质量，产品之不能适应消费者偏好，可能还有为获得商品和劳务而等待很长时间。更具体地说，效率差可能被认为有下列含义：消费者的愿望遭到忽视；产品质量下降；机器备件难以补充；人们为了获得商品，必须等上几个小时、几个月、甚至几年；要弄清谁该对这些决定负责是不可能的；甚至人们很可能为了获得“每天食用的面包”，必须半夜起床，去站着等候几个小时。换言之，从根本的意义来说，低效率意味着个人生活的低质量，尽管按人口平均的消费量还能取得相当低的优先照顾。

因此，许多“新左派分子”对经济效率和私人及公众的消费水平虽然不感兴趣，但这并不能使他们有权利来忽视经济制度需要某种最低限度的一致性的问题。

人名汉英对照表

路易斯·奥尔瑟塞　Althusser, Louis
佩里·安德森　Anderson, Perry
肯尼思·阿罗　Arrow, Kenneth
简·奥斯汀　Austen, Jane
乔治·L.巴赫　Bach, George L.
乔·S.贝恩　Bain, Joe S.
米克黑尔·巴枯宁　Bakunin, Mikhail
保罗·巴兰　Baran, Paul
加里·贝克尔　Becker, Gary
查尔斯·贝特尔海姆　Bettelheim, Charles
安格斯·布莱克　Black, Angus
胡安·博希　Bosch, Juan
塞缪尔·鲍尔斯　Bowles, Samuel
古斯塔夫·卡斯尔　Cassel, Gustav
菲德尔·卡斯特罗　Castro, Fidel
丹尼尔·科恩-本迪特　Cohn-Bendit, Daniel
卡尔文·库利奇　Coolidge, Calvin
里吉斯·德布雷　Debray, Régis
爱德华·F.丹尼森　Denison, Edward F.
米洛范·德吉拉斯　Djilas, Milovan
莫里斯·多布　Dobb, Maurice
道格拉斯·多德　Dowd, Douglas
P.多伊尔　Doyle, P.
德怀特·艾森豪威尔　Eisenhower, Dwight
弗里德里希·恩格斯　Engels, Friedrich
弗朗茨·范农　Fanon, Frantz
罗伯特·菲奇　Fitch, Robert
弗朗科伊斯·M.C.傅立叶　Fourrier, Francois M. C.
A.G.弗兰克　Frank, A. G.
约翰·肯尼思·加尔布雷思　Galbraith, John Kenneth
赫伯特·金蒂斯　Gentis, Herbert
巴里·戈德华特　Goldwater, Barry
理查德·古德曼　Goodman, Richard
安德烈·戈兹　Gorz, Andre
安东尼奥·格拉姆斯西　Gramsci, Antonio
切·格瓦拉　Guevara, Che
约翰·格利　Gurley, John
本特·汉森　Hansen, Bent
迈克尔·哈林顿　Harrington, Michael
弗里德里克·哈耶克　Hayek, Friedrich
鲁道夫·希法廷　Hilferding, Rudolf
约翰·A.霍布森　Hobson, John A.
胡志明　Ho Chi Minh
赫伯特·胡佛　Hoover, Herbert
H.S.霍撒克　Houthakker, H. S.
利奥·休伯南　Hubernan, Leo
迈克尔·赫德森　Hudson, Michael
斯蒂芬·海梅尔　Hymer, Stephen
尼古拉斯·卡尔多　Kaldor, Nicholas
约翰·F.卡尼迪　Kennedy, John F.
约翰·梅纳德·凯恩斯　Keynes, John Maynard
克鲁泡特金　Kropotkin
西蒙·库兹涅茨　Kuznets, Simon

奥斯卡・兰格　Lange,Oscar
亨利・利菲弗　Lefebvre Henry
哈维・利贝斯坦　Leibenstein,Harvey
尼古拉・列宁　Lenin,Nikolai
阿巴・勒纳　Lerner,Abba
埃里克・林达尔　Lindahl,Erik
埃里克・伦德伯格　Lundberg,Erik
罗莎・卢森堡　Luxemburg,Rosa
尤金・麦卡锡　Mc Carthy,Eugene
阿瑟・麦克尤恩　Mac Ewan,Arthur
哈里・马格多夫　Magdoff,Harry
欧内斯特・曼德尔　Mandel,Ernest
毛泽东　Mao Tse-tung
赫伯特・马库塞　Marcuse,Herbert
斯蒂芬・马格林　Marglin Stephen
卡尔・马克思　Marx,Karl
玛格丽特・米德　Mead,Margaret
约翰・斯图亚特・穆勒　Mill,John Stuart
C.赖特・米尔斯　Mills,C. Wright
雅各布・明塞　Mincer,Jacob
甘纳尔・缪尔达尔　Myrdal Gunnar
拉尔夫・纳德　Nader,Ralph
爱德华・内尔　Nell,Edward
理查德・尼克松　Nixon,Richard
詹姆斯・奥康纳　O'connor,James
伯蒂尔・奥林　Ohlin,Bertil
玛丽・奥本海默　Oppenheimer,Mary
罗伯特・欧文　Owen,Robert
维尔弗里多・柏拉图　Pareto,Vilf redo
阿瑟・C.庇古　Pigou,Arthur C.
J. P.波里厄　Poullier,J. P.
皮埃尔・约瑟夫・蒲鲁东　Proudhon,Pierre Joseph
查尔斯・赖克　Reich,Charles
大卫・李嘉图　Ricardo,David
乔安・罗宾逊　Robinson,Joan
默里・罗思巴德　Rothbard,Murray
保罗・萨缪尔逊 Samuelson,Paul
西奥多・舒尔茨　Schultz,Theodore
弗雷德・斯金纳　Skinner,Fred
阿尔弗雷德・斯隆　Sloan,Alfred
亚当・斯密　Smith,Adam
乔治・索雷尔　Sorel,Georges
赫伯特・斯潘塞　Spencer,Herbert
约瑟夫・斯大林　Stalin,Joseph
英格瓦・斯文尼尔森　Svennilson,Ingvar
保罗・斯威齐　Sweezy,Paul
理查德・H.托尼　Tawney,Richard
L. D.泰勒　Taylor,L. D.
亨利・D.索罗　Thoreau,Henry D.
亚历克西斯・托克维尔　Tocqueville,Alexis
利昂・托洛茨基　Trotsky,Leon
索尔斯坦・凡勃伦　Veblen,Thorstein
托马斯・维托里斯　Vietorisz,Thomas
T・沃坦纳布　Watanable,T.
詹姆斯・韦弗　Weaver,James
托马斯・韦斯科夫　Weisskopf, Thomas
克努特・威克塞尔　Wicksell,Knut
迈克尔・兹韦格 Zweig,Michael

图书在版编目(CIP)数据

新左派政治经济学:一个局外人的看法 /(瑞典)阿萨·林德贝克著;张自庄,赵人伟译.—北京:商务印书馆,2017
(汉译世界学术名著丛书:120年纪念版:珍藏本)
ISBN 978-7-100-14093-5

Ⅰ.①新… Ⅱ.①阿…②张…③赵… Ⅲ.①小资产阶级政治经济学—研究 Ⅳ.①F091.4

中国版本图书馆CIP数据核字(2017)第137971号

汉译世界学术名著丛书
(120年纪念版·珍藏本)
新左派政治经济学
——一个局外人的看法
〔瑞典〕阿萨·林德贝克 著
张自庄 赵人伟 译

商 务 印 书 馆 出 版
(北京王府井大街36号 邮政编码100710)
商 务 印 书 馆 发 行
南京爱德印刷有限公司印刷
ISBN 978-7-100-14093-5

2017年12月第1版 开本710×1000 1/16
2017年12月第1次印刷 印张10
定价:65.00元